嘉定鎮江志（三）
海岳名言
二王帖評釋
芸窗詞
芸隱勸游藁
芸隱横舟藁
存悔齋詩
雲山日記（一）

横山草堂叢書

③

陳慶年 編

江蘇地方文獻叢刊

廣陵書社

嘉定鎮江志附錄

嘉定鎮江續志

嘉定癸未守臣龍圖大卿趙善湘鼎新標表揭名於其上近貢闈則曰登賢近教場則曰閱武因邑則曰製錦因營則曰威武其他如曰鐵甕曰西津曰通市曰驛坊曰市東缺

以上見二卷坊巷門內

放生池創於紹興庚寅歲月浸久沿岸民居日侵月躔池面因以湫狹累政固病之屢欲經度而弗克舉守臣龍圖大卿趙善湘視諸故府按籍而復舊牆以限其外

逕以繞其內爲重門複屋與夫待班之次立碑之亭色色整具開敞雄麗始稱臣子虔祝南山萬壽無疆之意矣自爲記曰聖天子在御二十有八年春二月臣善湘以暇日登月觀之臺周覽城邑慨然感於聖天子淸靜之化比閭族黨雍雍穆穆無囂訟之風無鬬狠之習俾非才之人得以冒焉居此爲之赧然俯視臺下有池一窊中植荷芰傍積糞壤問之左右曰此放生池也於是大驚懼亟求之故府考諸圖籍其所登載僅存條目書其大義而已昔之規模廣狹漫不可考倘就其所存加之葺闢不惟湫隘特甚無以遂魚鼈之樂而畔岸弗立

無所底止深恐屋於其旁者日侵而不已也乃率僚吏
臨而審觀之博訪故老有知其故者謂數十年前池之
廣蓋不翅一倍於此後以郡計之急借以爲遊觀乃臨
池設酒壚而池日就湮塞指今小軒曰此舊南山亭也
羣不暹日醉飲其上不知幾年矣邇來沿池居民竝緣
爲姦潛以糞壤侵積池垠稍久則築而屋之相其曲直
高下之勢池之舊跡宛然而具存僚吏故老相與告曰
是無可疑者矣試詰鄰池之業其地者各以契劵來驗
必得其要領乃遣知丹徒縣事臣姚元特以禮而進諭
以臣子報上之義皆欣然而從因命坊吏竿而步之有

溢於劵契丈尺之外者皆此池之舊物總而計之所歸已富因不復窮其所隱遂與之約曰凡所見侵皆前人數十年間之事今乃使復歸之官撤楹櫩决藩牆得無薄費官盡給之寬與之程使得從便移徙乃先自治其官地之害池者闢修衢作重門於池之東爲亭五楹直池而西面當一池最深處揭南山舊名於亭上又於亭前別爲軒如亭之數亭之兩傍各爲屋以爲郡縣軍官待班之所視其秩序皆左右差列莫不虛敞寬潔無揉雜斥塞之患酒壚之軒撤而去之退爲限隔以絶其臨眺日役嘗三百夫不一月官役曾未涯而民所還已如

數於是盡取其地繞爲高牆牆之内爲徑丈有奇以容
往來植柳其傍以護傾圮皆引繩而劃之其糞壤之不
可築者乃徙之閑地取土爲牆牆成而池闢始集工於
七月之十三日訖事於十月之朔乙亥越十八日會流
虹之旦臣善湘恭率僚吏祗拜於亭下顧瞻池中纖鱗
巨介浮游而去咸得其樂若忘其曾受網罟而新沐恩
波者是日也積陰雨餘霽色微開亭池一新臣工濟濟
盡禮盡敬邦人環視莫不肅然而悦亦以見人心之所
同欲也夫天下之事其弊乏已久者未易以興起而狃
於私情之切己則視公上之事不暇深顧然至於感發

之機油然生於觀聽之餘而數十年已失之物乃得復還於一旦之頃此豈威令所可及言語所可孚猗歟盛哉皆聖天子清静之化風俗還於醕厚之所致也臣善湘一介無他不能仰副聖天子拔擢之意嘉與邦人涵泳清静之化幸託於斯池以自見其拳拳報上之萬一敢再拜稽首以告來者繼自今歲葺月理前規後隨使斯池日新又新億萬斯年於以對揚聖天子之休命則又小臣之與邦人所同欲也池之四維廣狹不一其西牆自北而南又折而西然後直遂皆立石爲表巡表而計之爲丈周回圍牆共一百八十八仍圖其曲折之形

於碑陰以備他時考訂云嘉定十五年歲在壬午十月朔日朝請大夫直龍圖閣知鎮江軍府兼管内勸農營田事節制水軍都統司諸軍賜紫金魚袋臣趙善湘恭書

以上見六卷放生池條後

正至會拜之禮所以重齒貴德也嘉定癸酉教官盧憲集臺府官屬及寓公於學宫欵謁先聖禮畢升堂而拜敘拜而飲諸生序於兩廡守臣待制史彌堅總領錢仲彪捐金饋醴以侑今爲常比

以上見十卷學官元日上巳條後

郡官廳鈐轄廳在府教場側

教授廳舊在學之西偏淳熙中教授王極得邑人廢地於學之北始剏建焉郡人田曉爲記

簽判廳在譙門外

簽判廳在城隍廟巷東初爲總領所前岳珂展爲政足園遂遷於此

節推察推廳並在府治之西兩廳相向

知錄廳在通判南廳之南

司理廳在知錄廳之東

司戶廳在郡治之西節察推廳之北舊爲簽幙聽治之地淳熙中移入府治更爲司戶廳屋宇庳隘歲久不葺

居者病焉嘉定癸未守臣龍圖大卿趙善湘增建

以上見十二卷妓堂條後

邱壽儁朝散郎直秘閣嘉定八年十一月到九年冬轉朝請郎十年夏權節制水軍冬除華文閣再任十二年正月改知揚州

以上見十三卷史彌堅條後

咸淳鎮江志

嘉熙二年旨罷丹陽縣酒稅

酒稅務在雲陽橋下月解八百二貫續以官吏苛征民旅苦之陳乞抱納嘉熙二年知縣施興之備申郡守吳潛以本務官錢不過八百貫爲數不多不以貽害一邑令自四月始免解務官一員具申朝廷省罷　邑人寶章洪兼哲爲記略曰嘉熙二年夏四月從前知鎮江

軍府事寶章閣待制吳公之請有旨罷丹陽縣稅務仍下吏部廢其官邑之人士驚喜呼舞告於秉哲願有述使我子孫無忘大賜秉哲不敢以固陋辭抑征商之事唐虞夏商文不可證吾得諸周文王之發政施仁也關市譏而不征成周之興始以關市列於九賦識者謂斂財賄抑末作孟子一言以蔽之曰征商自賤丈夫始夫抑末作於以勸務本人皆以爲賤故從而征之於以明禮義善風俗非若後世張官置吏取諸民以爲利也至太府以式法授財則關市之賦待王之膳服而已又非若後世較稅斂之多寡計國用之盈縮也其後乃與推酤並行以贍大農繇漢迄於五季凡可以損下益上者殆算無遺策太祖首榜稅則於市戒毋發篋以索南渡以來利源駸狹軍餉孔殷征商之入區分於享上供軍及諸司經總制而邦計仰焉者日益繁重然地左道絕則舟車之所止留壤沃民富則珍貨之所湊集丹陽獨下邑跨運渠自南而北歸於潤自北而南運於常厥田下下厥賦上中錯民貧俗匱擁厚貲規大利者往往鄙而去之而常潤之間纔百有五十里兩郡二鎮爲務者縣界其中而五過者不勝其費卒犯險由徑或戴星越境或詭迹過賓雖司存設於要津每搏手竟日解后至

者汙吏駔胥鴟張虎視日課之外又以屬饜其私區區於買賤賣貴者率竄名宅業以自免而列肆幾何復攈拾科抑不掃地盡不止邑緣是於浙右以最陋聞知縣事施君沂因民弗忍白於府願以稅額均敷行舍撤務柵之見存者太守吳公孜孜去民之害而興其利猶慮行舍之開闔不常敷額之誅求常在務柵之徹者有時而復乃從幕府考月解之數爲緡僅八百有奇公慨然曰郡雖瘠何愛於是卽拜疏以聞符縣併月解悉除之商賈悅而藏於市行旅悅而出於塗井聚熙恬風釆頓異公之惠吾邑祉而祝之可也

寶祐六年免收屯田隨苗錢耗米 寶祐六年郡守趙與岦以屯田重租非籍田比而金壇正租之外雜色錢穀與納籍租同無敢占業多致荒蕪乃援總所圍田例請於朝凡租之隨苗錢耗米自寶祐六年並免收畫旨報可浙漕趙孟高復去耗米分隸漕司邑人德之記其事刻諸石

景定四年減公田租 寶祐四年修明板籍賦額比舊增多至景定四年民田之買爲公田者十有六萬八千二百二十八畝有奇已準朝旨蠲免常賦今實納之數比修明後則又減矣

以上見五卷常賦目後

京口耆舊傳王康字伯壽嘗論金壇水利謂洮湖舊有八十一浦口實受荆城延陵丁角薛步四源之水今所存惟二十有七皆淤塞不通盍訪舊跡浚而深之下流無壅則水不爲害人以爲便

以上見六卷長塘湖注

丹徒舊有孔子廟南魯郡寄治時立之齊晉安王寶義刺南徐江祀以南東海太守行府州事治下有宣尼廟久廢不修更開掃營立宋著令夫子廟爲中祀春秋二仲上丁行事廟在子城東南隅渡江初郡適當兵衝學宮壞爲壘舍紹興己未廟復毁守臣閣學程邁議建會州豪以浮圖氏之材來獻者於是庀工不數月而殿成

內翰汪藻有記見浮溪集廟門牓額刑部郎官徐兢書
壬戌歲守臣待制劉子羽增創廟學始備郡人張扶有
記御書大成殿牌開禧間教官楊邁立大成殿自紹興
已未草創至嘉熙已亥歲月既久廟宇頹敝教官多拘
於陰陽之說因循不葺三山劉卿月到任首議興修會
有金壇莊爲豪民侵奪郡帥吳文昌溍申省歸於學米
價稍穹遂度材鳩工費錢一萬六千緡米二百石閱三
月告成自殿而廡自廡而門表裏爲之鼎新規模視舊
爲宏壯吳文昌有記
以上見七卷三賢祠堂條後

祭器五百餘事淳熙甲辰守臣秘撰耿秉依儀式鼎造獻官及諸生之執事者皆爲祭服四十餘襲藏於庫祭器庫舊在西廊祠堂之後淺隘卑濕祭器易損嘉熙已亥教授劉卿月移建祭器所於戟門之西

范文正公當寶元初以吏部員外郎守潤州始建學請賜以閒田具經史傳疏諸子書聘江南處士李泰伯使講說以教養其州之子弟率五日一視學躬較以文間設飲食延勞獎進之士翕然興於學民相勸趨於善邦之人士深德之立祠於學莊定公王存有記後教官袁孚爲之廣其祠先是范文正公有祠繼而蘇魏國公頌

王莊定存陳殿撰東以鄉之先賢皆附祠漫塘劉宰有記東坡先生塑像舊在都統司不知何年移入郡庠風雨漂濕塵埃蒙積遺像隳壞教官劉卿月重爲修飾安奉於大成殿後東廡嘉熙己亥大成殿畢工制置吳文昌潛給木材命教授劉卿月鼎創祠堂分爲三間東以傳道之統濂溪明道伊川横渠晦庵南軒東萊繪像爲一祠中以鄉先賢蘇魏國王莊定宗忠簡陳殿撰爲一祠西以前郡守京使柳公開文正范公仲淹直院錢公彦遠康節張公昪禮部員外郎楊公傑大學毛公友少傳劉公子羽爲一祠以己亥季秋初六日壬申興工仲

冬之七日迄役度材之外費錢五千緡米九十石吳文昌有記

忠簡宗公澤寓居於潤瘞於京峴山忠誼凛凛有功王室教授方符以其文集刋於學辛巳平章益國公喬少傳持憲節兼郡事始爲立祠教授劉卿月作記

程待制邁曾修學董秘閣芊沈簡肅復創貢院錢文惠良臣撥楊椿沙田萬秘閣鍾創貢士錢遂爲立祠舊附於范文正公堂今移在御書殿之西廡

以上見十卷御書殿條後

龍龜麟鳳四靈圖贊教官劉卿月甲午歲得於應天之

府治今摹刻於大成殿之西廡麟鳳二贊與熊直院所
傳一同不復書龍龜贊曰或潛或躍龍稱其神爰飛在
天易況大人名師命紀瑞應昌辰類孰從之祥風慶雲
天下有道神龜出焉背書脅文光昭後先謂何千歲游
於芳蓮得氣致和維以永年
以上見十卷麟鳳碑條後
常平沙田在大慈鄉四頃二十八畝元係翟氏沒官田
紹興辛亥教官譚亙顯申常平司乞撥入本學常平使
者徐誼樂從所請給據爲業歲輸於官者夏有羅綿鹽
錢三色秋有常平租米三十二石租錢一百四十貫文

寶慶間風潮衝坍埠壩刺入新圍除溝埠外止存三頃九十畝而輸官如故至嘉熙丁酉安邊所拘收聽就本學承佃徑於是年每畝添作三斗起租送納安邊所一時勉强聽從以三斗解納每年一百二十石本學遇熟已無所得一有水澇未免陳乞減放是誠無補至戊戌又行下每畝再增三斗教官劉卿月申省乞照舊額得提督財用局同報增租只爲豪民非爲學校已免增訖至己亥夏提督官改還省吏又行下增納續準指揮司所申每畝只納四斗

烏綱沙在丹徒鄉走坍不常於嘉定年間判府兵右司

任內退佃還官見有主管司黃通判免催租錢公文在
學庫照應
金壇縣田舊管三萬餘畝爲縣學并豪戶冒占外止歲
收租米四百六十餘石夏秋租錢玖百餘貫至紹定庚
寅守臣兵侍趙公范任內有以金壇田告者檄委鄭路
分璋核其入每畝俾量增一斗租以贍士事未竟會移
鎮維揚軍器監丞韓公大倫繼守是邦命林比較根括其
間有移增米之家轉而增錢自後所得田以畝計之一
萬五千一百有奇歲增租米九百二十石有奇錢九百
五十四貫有奇租絲八兩有奇租麥三石九斗有奇紹

定癸巳洪中書咨夔爲之記
金壇縣登榮鄉十七都有學田一千四百八十一畝紹熙間王渟佃作慶元五年平江馬諒私於王渟家交佃就金壇縣計會作買到民田給據緣所收甚厚學租不多嘉泰四年張揩等爭佃馬諒男彥明情願增租寶慶三年李大諫幹人何端義爭佃增米五十石錢一百五十貫馮知府多福任內遂勒馬彥明退佃後來爭佃者紛紛何秘監處久申省拘入本學自行耕作以絕爭訟歲收一千一百餘石內撥二百石入貢士莊爲三年勸駕之費馬彥明累次經省部運司陳訴謂自買民田爲

本學攙奪送下本府知府桂少卿如琥吳閤學淵兩次申省照何秘監所行本學已收自租三年嘉熙二年七月馬彥明又經朝省進狀送運司定奪運司簽廳擬將六分還馬彥明四分助學養士教授劉卿月以其事本末申府蒙吳侍郎潛主盟追上馬彥明送獄備申朝省嘉熙三年五月省劄照本府所申事理行馬彥明從條科斷案沓詳見石刻在講堂之西

丹徒縣薛村田一頭一十四畝二角元係羽流宋其姓者之田後沒於官嘉泰甲子守臣辛待制弃疾撥歸本學

本學有房廊地段四散日掠房地錢每日三貫九百二

文月收地錢二十二貫五百二十二文其房錢數內有典屋三戶每日收一貫六百有奇係教授任褎然置到建中靖國庚辰歲米芾爲漣水軍使子友仁來赴舉京口時場屋在登雲寺淳熙初貢院猶未創大比試於郡學及先聖廟兩廡撤棘輒再補葺士以爲病歲次丁酉守臣簡肅沈夏鼎建在府治之東南凡八十六楹總領趙思有記其後文惠陳居仁增廣之廊廡同環通一百一十五楹南廊三十八北廊七十七足以容多士解額十有七人乾道間應舉者以千計今文風日盛應詔之數倍之

貢士錢慶元三年有浮圖氏陰占沙田豪民兼并蘆地
太守萬鍾稽檢得實以屬之郡每歲樁管儲之三年凡
六十緡以待賓興助其入京新貢百千恩免半之過省
百五十千宗子武舉三十千餘悉供秋闈教官陳德一
有記嘉定間寺僧詞訟不止郡守欲絶其爭始將上項
錢歸之府不復以助貢士金壇有羽流没官田歲租二
百餘石送學貢士未幾金壇士人爭歸之縣學貢士禮
不逮於前端平間有没官田在長樂鄉上塘村歲收米
十九石九斗有奇錢十貫有奇麥八石三升有奇何秘
監處久撥送本學添助貢士之費令項樁管別歷收支

三年所積不多隨宜供送而已

金壇縣登榮莊爲馬彦明强占爭佃紛紛至於朝省端

平間何秘監處久申省取同本學每年撥二百石爲勸

駕用馬彦明互訴不止嘉熙三年運司簽廳欲撥還馬

彦明劉教授卿月申漕司力爭吳尚書潛申省仍舊以

二百石爲貢士莊今三歲所收稍豐士與計偕津送增

厚

以上見十卷學官元日上巳條後

方輿勝覽輿地志在北固山上天色晴明

望見廣陵城如青霄中鳥道相去五十里

以上見十二卷多景樓注

司法廳在司理廳之南

都會廳在郡庠前門相對景定間都倉朱通重建

寄椿監庫廳在社壇之西

以上見十二卷妓堂條後

輿地紀勝子羽墓志銘曰紹興十一年虜始至揭大旗舟上書曰江南撫諭子羽時守鎮江見之怒夜以他旗易之翌日接件使者見旗有異大懼以爲請且以語脅子羽子羽曰某爲守臣朝論無所與然欲揭此於吾州之境則吾有死而已出境乃還之

以上見十五卷劉子羽注

輿地紀勝劉穆之世居京口宋武帝建議諸大處分並穆之所建內總朝政外供軍旅目覽詞訟手答牋書耳聽口酬悉皆贍舉

以上見十五卷劉穆之注

方輿勝覽紘治潤有惠政代去鵲擁行車

以上見十六卷李元紘注

輿地紀勝廣生長京口仕晉爲秘書監武帝受禪悲感流涕謂謝晦曰君爲晉朝佐命身是晉室遺老事固不同嘗撰晉紀年八十而終

以上見十八卷徐廣注

輿地紀勝道濟高平金鄉人世居京口武帝北伐爲前鋒文帝時督諸軍北伐與魏軍三十餘戰多捷雄名大振後彭城王義康矯詔收付廷尉道濟怒曰乃壞汝萬里長城也

以上見十八卷檀道濟注

邵必 鈌 高郵州志云必在高郵嘗新軍學一百八十楹

毗陵志必善篆至今張公洞惠山泉六大篆字皆必遺
跡又邵伯温聞見錄云邵康節少時游京師與國子監
直講邵不疑初敘宗盟不疑年長康節以兄拜之葢不
疑自河朔遷丹陽康節上世亦河朔人也又云宣和乙
丑伯温赴果州道出於閬州有知閬中縣邵充美孺者
相迎自稱同姓姪曰充之上世自潤州入蜀龍閣公先
人叔父行也自此與美孺之中外皆論親癸巳伯温奉
使西州美孺居郫嘗至其家拜刑部公廟美孺貲和厚
與人言如恐傷之至臨政是非不可奪君子人也丹陽
河南成都之邵其次第如此

邵彪　缺　蘇庠嘗次彪韻云斯人活國計不數管及蕭又云惟公廊廟姿骨相宜珥貂又云飽聞胷次有雲夢語作驚瀾翻舌端

邵彥字君美鄉舉第一治平四年許安世牓乙科歷淮陽軍下邳主簿眞州楊子尉以病去官自號練塘眞隱竟老於鄉元符二年卒年五十七子繪紹聖元年畢漸牓終奉議郎　䶵字仲恭以父任爲太常寺太祝熙甯六年余中牓丙科管當在京南排岸擢爲司農寺丞移太府神宗親擢提舉開封府界常平哲宗卽位入爲開封府推官管當使院公事遷都官郎中改駕部出知鄭

州召爲金部郎中除京東運副移河北復陜西知鄧州
徽宗即位除直龍圖閣知秦州兼秦鳳路經略安撫使
移知青州道改鄆州除顯謨閣待制知瀛州以名在黨
籍差知常州明年移蘇州卒
張子芳丹徒人寶元元年呂溱牓歷知臨潁冠氏丹稜
開封四縣及光化軍州建昌軍以太常少卿奉祠卒子
縝
縝字彦智以祖蔭出仕歷平江府長洲宿州臨渙
尉亳州永城丞建康軍節度推官知廣德軍建平縣江
甯府溧陽縣以親老乞監延陵鎮代還擢軍器監簿遷
通判和州明年金兵至攝郡堅守孤城通判杭州再知

和州南渡初除直秘閣淮西提刑召赴行在歴直徽猷閣知壽春府改揚州進直寶文閣召還丐閑紹興初除知建康數月以疾丐祠提舉江州太平觀卒年六十三

陳孝威字德仲紹興二年張九成牓終選調

張知章丹徒人慶歴六年學究及第授將仕郎守連州桂陽尉以捕殺人賊功遷承務郎守濠州司理參軍卒其曾孫藏敕告於家如新告身云將仕郎前守桂陽尉張知章年三十歲癸亥身材中形面貌黃白色少有髭潤州丹徒縣長樂鄉支化里父爲戸云云或云唐時告身皆言人形狀然不知祖宗時尚爾也故錄之

以上見十八卷吳淑條後

顧方丹陽人皇祐五年鄭獬牓丙科明州象山令有治聲病卒邑人思慕立祠

楊照嘉祐六年王俊民牓終承議郎慶成軍使累贈朝請大夫子鎬宣和六年沈晦牓奉議郎知常州晉陵縣卒

翟濤丹陽人通三傳專於禮學一時碩儒好禮者推之知蘇州長洲縣贈太子少保子從揚州通判贈太子少傳子思缺

翟耆年字伯壽以父任入官自少知文名士劉器之所

甚愛而以著騷見稱於張文潛好古文介褊不苟合自謂爲吏必以戇罷放浪山谷間著書自娛宰相范宗尹欲召之蘇庠曰翟子清濁太明善惡太分此張惠恕之所以不能取容當世也耆年旣老自號礬溪老隱

蔡肇字天啟丹陽人肇嘗從王安石游一日語及盧仝月蝕詩天啟立誦之不遺一字又一日同泛舟適見羣鳧數百掠舟而過安石戲曰子能數之乎肇一閱卽得其數問之主者數不差其機警如此大觀末召試中書舍人擬拜節度使制云於戲千里繆之毫釐朕不從中御也萬世垂之竹帛卿其以身任之爲張商英所賞

紀霖字彥澤丹陽人元豐五年黃裳牓知河南鞏縣子敘交　敘崇甯五年蔡薿牓終郡倅　交字志同大觀三年賈安宅牓歷太平州繁昌縣尉監蕪湖酒稅知平江府吳江縣通判平江府知江陰軍泰州進直秘閣淮南運判顯仁皇后騩駕歸命攝兵書以迎之進直敷文閣知楚州紹興十八年卒子旬知房州匊太平州判官交之迎顯仁也鄉人兵部張頡贈詩述其事有持節淮壖劇駿奔扈扶文母入天闕之句

洪光祖以父任入官紹興十四年通判嚴州時水暴至城下不沒者數版光祖於城下集舟以援民且區處山阜給之薪粥卒無溺者　造字彥襲與興祖同登授歙

州黟縣尉死於方臘之變弟逴訴於朝贈通直郎官其一子　　遇崇甯元年霍端友牓　　達政和五年何㮚牓

陳東自少負氣節有憤世嫉邪之意在太學時嘗因大雪與同舍生飲初筵齋酒酣約聯句爲樂公獨爲古詩一篇曰飛簾彊攪朔風起朔雪隨風灑中土雪花著地不肯消萬億蒼生受寒苦天公剛被陰雲遮世人凍死如亂麻人間愁歎之聲不忍聽誰肯採掇傳說聞達太上家地行賤臣無言責私憂過計如杞國揭雲直欲上天門首爲蒼生訟風伯天公儻信臣言憐世間開陽闔陰不作難便驅飛廉囚下酆都獄急使飛雪作水流潺

潯東方出日還照耀坐令和氣生人寰又爲律詩三十韻有山嶽遭埋没乾坤著蔽蒙已成堆積勢應費掃除工之句被收之日視死如歸則東之志操此詩見之矣淳熙間守臣秘撰耿秉判免東賜田之税云如可贖兮百身尙何較於田税猶將宥之十世爾不念其子孫

陳輔字輔之丹陽人不事科舉工於詩自號南郭子人以南郭先生稱之不娶無子有南郭先生前後集詳見耆舊傳 蘇軾嘗薦輔於章衡子平帖云京口陳輔之秀才學行甚高詩皆過人王介甫最雅素介甫用事他絶不自通及居金陵日與之唱和孤介寡合不仕不娶近古獨行然貧甚薪水不給竊恐貴郡未有學官請此人如何哀其孤高窮苦故謾爲之一言

蘇庠子扶工詩與書酷肖其父扶貧甚而樂嘗有郡太
守招之語子姪輩曰吾
何以獲知於人特以先世隱名存爾殆不過哀吾貧而
周之甯忍以父名賣錢耶固辭不往死至無以斂葬云
云

黃虎字文郁丹徒人居馬墅父若南渡初爲揚州江都
令有勞績韓世忠劉光世薦之就任改秩而卒虎幼從
後湖之子扶遊恬於進取嘗一赴鄉舉晨及棘闈有仆
地衆蹂而斃者自是絕意不
往後姻黨有騶貴者將私奏之虎曰吾
豈可因斯人而得官且反以辱吾親
淮上被兵徙家
平江取陶淵明逍遙自閑止之句扁所居曰閑止終日
宴嘯其間卒年五十四葬丹陽之隨鴐山後溪先生左
史劉光祖題曰宋閑止居士黃君文郁墓蘇扶類其詩

詞爲一卷

以上見十九卷李覺條前

忠惠先生大參翟公汝文之次子侍郎紱以詩名號雲岫主人史驌卽其壻也尚書凌景夏志其墓

李迥字叔友丹徒人高尚不出士人宗仰之宣和初董弅令升分教京口日因白太守虞奕純臣曰治下有隱君子盍訪之虞曰願見久矣一日攜具邀董偕詣李辭以未嘗製衣冠野服見明日李遣介持詩謝曰揖客將軍重揚名御史尊時稱美之

李巨源字元通金壇人唐宗室之裔紹興十三年陳誠

之牓博學有文與正言袁孚游終太平州司戶蘇庠送其赴洮湖陳氏館詩云騎鯨公子漢於菟並駕殊非口與蘇又云蟠胷歷歷鄴侯書落筆犇犇走坂車辦作五言玉節信直拚病渴馬相如

以上見十九卷張大允條前

周孚字信道丹徒人乾道二年蕭國梁牓爲眞州教授卒於官年四十三有蠹齋集三十卷稼軒辛弃疾幼安刊於長沙樞密邱宗卿爲之序略曰予評信道之爲詩大要本諸黃太史而濫觴於江西諸賢不爲蹈襲高爽刻厲似可正平而行布創立紆徐明暢又似高子勉逮其合處微詞宛轉一唱三歎有諷有刺而不爲虐跂望太史氏猶將見之又有集曰鉛刀編鄉人之從游者爲板行於世同時有朱叔琋字德裕宋郭字安民陳珙字德厚叔琋僅占貢籍珙淳熙八年黃由

牓郭以特科入官從張詔辟興州簿領再請蜀漕舉卒
孚嘗以詩贈三人叔瑶云潘洪已鬼録尚喜之子在安
民云蘭彫潘洪逝壁碎韓呂亡非渠妙語口何以浣我
腸德厚云祝君曾曹
子玉陛奏方略云

以上見十九卷顧時大條前

錢弼字聖俞金壇人擬應洞明韜畧科以特科入官授
鄂州蒲圻尉未上卒子純四舉於鄉早卒

以上見十九卷胡緝條前

姜謙光字德明

劉倬字顯道

艾謙字益之

向公慶字元卿皆丹徒人再舉於鄉嘗爲府學正人推敬之倬以書魁薦光謙以詞賦稱迭居首選謙光語尤壯詳見耆舊傳謙光爲人剛介有所編文章發源文選華句及爾雅并文集

以上見十九卷胡緝條後

蘇師德字仁仲丹徒人丞相頌之孫以父任入官歷計幕有詩見京口集

柳閎字展如東坡之甥居北固山下有詩見京口集

蔣元龍字子雲丹徒人工於樂府有詞板行世以特科入官終縣令

蔡放字天固丹陽人中書舍人肇之弟有詩見京口集

劉昭字圖南丹陽人有詩見京口集其渡江詩云大江注東溟十月風濤壯舟人造養生奮臂衡奔浪睠言君勿驚世路方難行若言世路險此水眞安平

李公異字仲殊丹陽人號後湖居士有詩見京口集

朱斗文字彥章丹陽人號北湖先生有詩見京口集

顧松年字伯茂丹陽人有詩見京口集

陳琢字季明金壇人溧水主簿有詩見京口集

潘錡字見獨金壇人號勾曲先生有詩見京口集

李天才字邦美金壇人詩名尤著詳見耆舊傳

以上見十九卷湯模條前

陳丞相升之字暘叔建安人居丹徒升之自建安來從子禧豫實與俱以升之奏禧於員外郎管當在京儀鸞司子琳選調豫中奉大夫四子機柄最知名機知信州楚州淮南漕知衢州柄敷文閣待制三子皆陞朝禧之弟繼升之後即鎮也今繼升之後者禧之元孫箕詳見耆舊傳鎮亦陞朝子耆從政郎禧之孫雅言嘉言□□之子應岕三舉於鄉箕應岕之子也

以上見十九卷向舍人條前

方輿勝覽山前有三島號石牌稱郭璞墓按唐書韓滉傳建中之難陳少游在揚州以甲士三千臨江大閱滉亦總兵臨金山與少游會則是建中之時已有金山之名非始於李錡也長編建炎四年夏兀朮同至鎮江韓

世忠提兵駐揚子江金山以邀之敵衆數萬世忠戰士纔八千兀朮約日會戰世忠募海船百餘艘泊金山下預命工鍛鐵爲長綆貫一大鈎比合戰世忠分海舟兩道每縋一綆則曳一舟而入虜不得渡以輕船絶江而遁俘獲殺傷甚衆

以上見六卷金山注 鈔本在元志七卷

輿地紀勝少蘊初登弟潤州丹徒尉郡守器重之俾檢察征稅之出入務亭在西津上葉嘗以休日往與監官並欄杆立望江中有彩舫依亭而南滿載皆婦女詣亭上見葉再拜致詞曰學士儁聲滿江表妾輩乃眞州妓也今日太守私忌故相約絶江此來不度鄙賤敢以一杯爲公壽願得公妙語持歸夸示淮人爲無窮光榮酒數行其魁捧花牋以請葉命筆立成即今所傳賀新郎詞也

以上見十七卷葉夢得注 鈔本在元志十六卷

永樂鎮江志

明朝鎮江府永樂三年分　官民田地山塘灘蕩場溝產三萬一千六百二十一頃九十三畝八分二釐二毫五絲　夏税小麥一十五萬八千四百四十五石五斗三升三勺　絲一千二百四十六斤九兩八錢一分二釐　綿二十二斤一十兩九錢四分一釐一毫　秋糧米三十四萬二千八百二十三石二斗二合七勺　豆四萬八千六百六十二石三斗二合二勺　鈔二貫一百五十一文

丹徒縣永樂三年　官民田地山塘灘蕩場產一萬一千九百八十三頃三十七畝二分四釐四毫五絲　夏

稅小麥八萬一百二十一石二斗二升六勺　絲七百二十六斤八兩七錢七分一釐三毫　綿二十二斤一十兩九錢四分一釐一毫　秋糧米一十三萬二千一百七石七升三合五勺　豆二萬七千七百一十一石一斗二升一合八勺　鈔二貫一百五十一文

丹陽縣永樂三年　官民田地山塘蕩灘產一萬二百二十頃六畝九分二釐五毫　夏稅小麥四萬一千九百九十一石八斗七升一合四勺　絲三百五十二斤四兩三錢六分七釐二毫　秋糧米九萬五千八百二十七石五斗八升五合九勺　豆一萬四千七百一十

二石四斗八升六勺

金壇縣永樂三年　官民田地塘山蕩產溝灘九千四百一十八頃四十九畝六分五釐三毫　夏稅小麥三萬六千三百三十二石四斗三升八合三勺　絲一百六十七斤一十二兩六錢七分三釐六毫　秋糧米一十一萬四千八百八十八石五斗四升三合三勺　豆六千二百三十八石六斗九升九合八勺

以上見四卷田賦條後

德祐元年罷公田復茶鹽市舶法如故德祐元年謝太后詔有司曰十數年來征賦繁急而田里怨嗟賞罰無章而將士解體吾深居宮中亦罔聞知屬邊事危急人人離心採之人

言爲賈似道秉國以來多行不恤之政民甚苦之如買
公田更茶鹽市舶法又其甚者先帝幼沖居簡軍國惟
所專制其害乃至於毒民誤國使吾與嗣君坐受其禍
興言及此痛悔何追似道明正其罪其詔有罷公田復
茶鹽市舶法如故諸不恤
而害於民者次第悉除之

以上見五卷常賦條後

上供米七萬九千四百八十八石

明朝鎮江府課程總并屬縣永樂三年分　實在課鈔
六萬二千二百六十五定二貫二百七十文　酒醋鈔
二千四百三十四定四貫九百六十文　房地賃鈔一
千五百三十八定二貫九百文　局院房租鈔三定四
貫九百六十文茶課引由鈔三百二十定　樹株課鈔

五十三定三貫一百八十文　茶課芽葉鈔二貫六百二十文　商稅課鈔四萬八千七百八定一百九十文　門攤鈔六千七百八十六定一貫六百文　契本工墨鈔九定三貫六百文　魚課鈔一千三十二貫四百文　船課鈔七百八定三貫六百四十文　蘆課鈔一十三定二貫四百二十文　雜辦短課鈔六百五十四定三貫二百文

丹徒縣課程永樂三年分　實在課鈔一萬二千九百三十三定三貫四百七十文

丹陽縣課程永樂三年分　實在課鈔一萬四千一定

三貫三百五十文

金壇縣課程永樂三年分　實在課鈔一萬六百八十五定二百九十文

以上見五卷課程條前

元一統志上出藥物薺苨

以上見六卷汝山注

元一統志山在縣南五里前望白龍蕩故曰顧龍山又名土山上有大聖塔五聖廟宋咸淳年間立龍山書院

以上見六卷顧龍山注

元一統志通大陘山舟楫往來多有風濤之險

以上見六卷長塘湖注

元一統志在金壇縣西南十里與長蕩湖相連其先有白龍化於此地故曰白龍蕩傍有龍祠祈禱有應宋嘉定間敕封孚惠靈祐
王咸淳中加封順應

以上見六卷白龍蕩注

元一統志開治郡所至招誘羣盜以俸金給之又解衣與賊酋置之左右或謂不可開曰彼失所則爲盜不爾則吾民也始懼死故假息鋒刃之下今推以赤心夫豈不可化未半歲境內輯甯

以上見十五卷柳開注

元一統志琪事宋三爲潤守政事精敏有訟立決民甚懷之

以上見十五卷王琪注

元一統志覿宋哲宗朝爲諫議胡宗愈除右丞覿論其過出知潤州徽宗卽位用爲中丞論章惇罪再出知潤州有政聲

以上見十五卷王覬注

元一統志道濟本高平金鄉人世居京口南史武帝北伐爲前鋒文帝時北伐與魏軍三十餘戰多捷雄名大振後彭城王義康矯詔收付廷尉道濟怒曰乃壞汝萬里長城道濟死後魏人聞之皆曰道濟已死吳兒輩不足憚也

以上見十五卷檀道濟注

元一統志淹事梁嘗爲丹徒令以廉自守不事左右浸潤日至遂鎖繫尙方嘆曰一見天子足矣上召問之淹對曰臣坐清所以獲罪上曰清何以獲罪曰無以奉要人上知其無罪復除丹陽令

以上見十五卷江淹注

元一統志王莽末咸客於東海界爲赤眉所得拘執十餘日咸晨夜誦經自若賊異而遣之因住東海立精舍講授光武卽位乃歸鄉里太守王躔署戶曹史顯宗以咸有師傅恩特賜奉增於諸卿咸皆散與諸生之貧者

以上見十八卷包咸注

元一統志粹本沛郡蕭人自其先隨晉元帝南渡寓家丹徒遂爲京口人粹初作州從事從宋武平建鄴有功封侯文帝即位爲雍州刺史加都督元嘉三年討謝晦初晦與粹善以粹子曠之爲參軍至是帝甚疑之及受命南討一無所顧文帝以此嘉之晦亦不害曠之遣還粹尋卒

以上見十八卷劉粹注

元一統志皇甫冉丹陽人十歲能文張九齡嘆異之師事蕭穎士以文名於世天寶中第進士授無錫尉累遷右補闕卒弟曾歷監察御史名與冉相上下當時比張氏景景陽孟陽云

以上見十八卷皇甫冉注

元一統志東字少陽宋靖康中率同舍生上書言時政斥邪佞命以官不就而去及高宗南渡又上書極論黃潛善汪伯彥非宰相才潛善等惡之遂誣以指斥乘輿殺之天下以爲冤後高宗知其非辜詔贈秘閣脩撰

祿其親者三人又
追贈右諫議大夫
以上見十九卷陳東注

嘉定鎮江志附錄終

宋元鎮江志校勘記序

校刻古書難矣而展轉傳鈔之書則校刻尤難是故宋元槧本及影宋鈔本皆可據原書付梓閒有訛誤著於別錄而不必改易舊文至於傳鈔之書脫文錯簡往往而是若不刊謬正訛則其書幾不可讀亦憾事也伏讀欽定四庫全書凡從永樂大典錄出者悉經刪衍補脫京口耆舊傳陳升之許暘米友仁邵飾譚知柔李珙等傳案語或引嘉定鎮江志或引至順鎮江志疑二書亦從大典中錄出館臣曾見是書而未經編定故有宋志斷爛而以元志補之者有元志淆譌而以宋志羼入者

有子注而誤爲正文者有子目而混爲總類者選樓校本及焦山校本已詳言其誤今因包君景維刋刻是書相國阮公命文淇及子毓崧重加校正並諭以不必以揅經室提要在前有所牽就總期實事求是不爲鑿空之談爰取二書反覆詳校其有彼此互淆前後倒置者悉加釐正而仍載原文於校刋記並述其所以改易之故至嘉定續志咸淳志永樂志之羼入二書者則另入附錄之中而不加刪削俾後人得以考見昔宋彭叔夏作文苑英華辨證其體例大約有三實屬承訛在所當改別有依據不可妄改義可兩存不必遽改兹編所校

略仿其例其有以一條而彙舉各條者亦彭氏之例也
惟是學識譾陋疏謬猶多尚望博雅君子匡其不逮焉
道光壬寅孟夏儀徵劉文淇識

嘉定鎭江志校勘記上

目錄

嘉定鎭江志

案直齋書錄解題云鎭江志天台盧憲子章撰此志卷十六教授盧憲注云嘉定六年三月至元志卷十七教授徐倅德注云嘉定九年七月至是憲爲鎭江教授凡三年有餘其後更爲何官則別無可考乾隆鎭江府志載丁元吉成化志序稱憲爲郡倅案宋時稱通判爲郡倅今考宋元二志南北西三廳通判皆無盧憲之名蓋丁氏偶誤記耳方逢辰咸淳志序云嘉定七年史貳卿昇校官重修貳卿謂史彌堅校官卽盧憲也擘經室

外集嘉定鎮江志提要云此書中稱憲者四條故知是憲之書書中所載事蹟惟史彌堅最詳張氏鑑云人物內史正志傳獨詳疑書成於史彌堅時卷五士貢門憲謹釋云云卽作志人名也今考卷十五宋太守史彌堅傳云嘉定六年九月二十八日到八年九月五日除寶謨閣直學士依所乞宮觀是彌堅守郡與憲爲教授正在一時卷二城池門載彌堅修城記卷六山水門載彌堅開丹徒漕河水記及濬歸水澳記卷七祠廟門載彌堅修泰江王廟記卷十兵防門載彌堅修止戈亭記卷十二載彌堅修都倉記皆累

牘聯篇首尾悉備其餘迹彌堅之政績如卷二橋梁門載修千秋橋事卷五均役門載定差役事尤不可枚舉然則纂修者爲盧而監修者爲彌堅固顯然可見矣

目錄二十二卷

案直齋書錄解題載嘉定鎮江志作三十卷而鈔本止二十二卷蓋原書久亡後人由永樂大典錄出故卷數既有缺佚而每書之總目子目亦非其舊今於顯然知其脱誤者逐條改定若無明文可證者則但注明其缺仍各附案語於後而目錄亦一律更正使

其前後相應鈔本目錄但載總目不載子目然往往誤以子目爲總目今則總目子目皆載以便尋檢至小子目則門類繁多難於羅列故不贅焉若夫總目之缺當補而難定其次第卷六歸水澳注云詳見漕渠而漕渠類久佚無從追補他皆倣此子目之缺當補而難於分析者卷三之風俗門及攻守形勢門卷十八卷十九之八物門俱缺子目今皆仍存其舊至於卷數之先後必須移易者既列案語於各卷卽改次第於目錄惟未得確據者如學校門當在神廟之前今列於卷十反在僧寺道觀之後然既無實證未可據虛理以斷也及無關大義者如山川爲地理之子目當在風俗及攻守形勢之前今列於卷六反在田土賦稅之後樓臺亭堂爲宮室之子目當在祠廟之前今列於卷十二反在陵墓之後然於體例尙無大礙今亦仍存其舊以免紛更元志目錄之例亦與宋志相同緣已詳列於此故彼

處不復更言

他皆仿此

卷首

楚使屈伸圖朱方

案左氏昭四年傳伸作申今不據以改之者蓋二字皆見於說文聲同而義亦相近（說文伸字下云屈伸从人申聲申字下云神也神字下云天神引出萬物者也蓋申聲之字並有引申之義）本可通用或作嘉定志者所見之本與今有異亦未可知不妨姑存之以備參考其餘所引載籍與原書字體微異而義實可通者悉仿此例若夫作志者援據宏博語多古奧有似無此書名者（卷六焦山條下引皇甫謐逸士傳或疑逸當作高今考隋書經籍志）

高士傳六卷逸士傳一卷並皇甫謐所撰則逸字不誤明矣全書中似此者頗多今舉此以例其餘後皆仿此**有似無此地名者**卷十八蕭思話傳云襲爵封陽縣侯其子惠開傳云襲封陽縣侯今考宋書本傳與此正同**有似無此官名者**卷十八徐陵傳云贈鎮右將軍今考陳書本傳與此正同**有似無此役名者**卷五均役門云以本縣合干人爲之今考元志卷十三俸錢門載平準庫合干人二十一貫元史刑律志諸燒鈔庫合干檢鈔則合干人乃庫役也**有似無此謚法者**卷十八蕭德言傳云謚博今考唐書本傳與此正同**有似無此名字者**卷十八徐伯陽傳云字隱忍今考南史本傳與此正同**有似無此題目者**卷五土貢門引羅隱鎮海軍所貢詩今考全唐詩與此正同**有似無此文法者**卷五土貢門引李德裕奏疏云乃諸頭收市今考全唐文與此正同**而尋檢其所引之書莫不一一符合今皆悉仍其舊而著其例於此蓋**

古書難曉者當參互考訂以求其通未可以其所知改其所不知也

曲阿○鈔本此二字在下一格

案郡縣表內第三格爲縣第四格爲封爵食邑徧考史傳志乘秦時未嘗以曲阿爲封邑元志卷首官制表及卷十五封君類載以鎮江地爲封邑者皆自漢始而丹陽縣之名曲阿實起於始皇元志郡縣表縣邑格內載始皇改雲陽爲曲阿事甚詳則此二字當在第三格不當在第四格矣至於曲阿及丹徒乃秦時所改之名原書必當有注鈔本皆脫去戴氏守梧據元志郡縣表補古谷陽三字於丹徒下補古雲陽三字於

曲阿下今從之下文云吳嘉禾三年復曲阿爲雲陽若此處不言古雲陽則復字爲無根矣

孫桓○鈔本桓作亘

案宋時之書以亘易桓因避欽宗之諱若照宋槧本翻刻自應仍其原文惟此書刻本久亡祗從舊鈔本錄出既已另寫重刊則當日避寫之字必須更正袁燮絜齋集黃度行狀有惇德允元語武英殿校本云惇德原本避宋光宗諱作崇德今改從經文義例最爲允協校書者所當遵也今從嚴氏元照說凡桓字避寫作亘及貞字避寫作正者書中貞觀貞元等貞字皆作正因避仁宗之諱悉爲改易以符體制鈔本元志中有避宋諱之字者今據以移入宋志於案語中註明所避之字至正文

中則仍一一更正以示畫一　若夫卷一徐兖州治京口條云後桓元鈔本桓作亘注云上犯欽廟諱下犯聖祖諱卷六焦山瘞鶴銘條云乃裹以元黄之幣鈔本無元字而注云宋缺名上一字卷十一吳孫氏墓按語云追謚策爲長沙桓王鈔本桓作威注云正字犯欽廟諱卷十八申堂構傳鈔本無構字注云名犯高廟諱包佶傳鈔本佶作幼正注云名犯徽廟諱今皆從嚴氏元照說訂正其文而删去其注以歸畫一他如卷七明應英濟公祠條引蔡邕贊云乃召乃用又云賢人遇慝元志卷十九魏焦光傳亦引蔡邕此贊而召字作

徵遇字作覯蓋宋人避嫌名而改之元志則仍用本文也然所改者於文義尚無不合今並存之他皆仿此

貞觀二年正月除越王泰〇鈔本越作趙

案新舊唐書濮王泰傳泰始王宜都徙封魏又徙封越改王魏後降王東萊復進王濮而未嘗封趙且據太宗本紀泰徙封越正在貞觀二年則趙爲誤字無疑

聖朝鎮江軍

案宋人作志自應稱宋朝爲聖朝後人刻書者仍其

原文亦於體例無礙嚴氏元照因書中或稱宋朝或稱聖朝例不畫一故往往改聖朝爲宋朝然書中稱聖朝者極多嚴氏所改殊未能盡今於其已改者則從改本鈔本元志中有稱宋爲聖朝者今據以定爲宋志而聖字已易爲宋者亦不復追改焉其未改者則仍從舊本以免紛更至於元人作志稱元朝爲聖朝者亦用此例宋志內言聖宋大宋元志內言皇元大元者倣此

卷一

地理○鈔本無此二字

案志書以地理居前乃自來之通例此書首列敘郡一門所言者皆地理之沿革而其中引地理書尤多

如敘內引前漢地理志晉地理志宋地志輿地志姑孰志九域志寰宇記之類一葉之中已層見疊出是地理爲總目而敘郡乃子目也卷十三奏請開伊婁河注云具地理類今檢之乃在山川之內是地理乃總目而山川亦子目也下文諸子目並屬於地理然同在一卷之中故不復重標總目至下卷之城池坊巷橋梁津渡亦地理之子目則必另加二字於城池之前方爲明晰後凡一卷之總目統數子目數卷之子目共一總目者並仿此例

敘 缺○鈔本無此二字

案下文云二縣始末具敘張氏鑑云原敘當詳載丹徒曲阿建置沿革今敘已佚脫據此則地理之後必

有敘矣蓋此志之例子目間有無敘者如文事武事等類皆爲雜錄之子目而皆無敘是其例也而總目則無不有敘子目之所統者少而其大指又見於總目敘中故其敘可無若總目則所包者廣必有敘然後義例乃明故其敘萬不可廢故今就總目之無敘者補敘缺二字於其目之後一行而子目之當有敘而缺者亦仿此例至子目之本無敘者則不贅焉凡一總目統數子目者其子目俱無敘則已若或有或無則無敘者必本有佚脫也今悉補之

敘郡○鈔本低二字今從之

案元史地理志序原注凡路低於省一字各路錄事司與府州之隸路者低於路一字府與州所領之縣

低於府與州一字蓋欲行款分明以便觀覽也宋元鎭江志鈔本行款格式不一今悉細爲釐定此敘郡旣爲地理之子目凡子目勢不容與總目相並敘郡旣低二字則地理必當低一字矣故今於子目之低二字者悉仍其舊而總目之誤低二字皆改爲低一字如風俗攻守形勢學校兵防雜錄人物之類與此卷地理之式相同若子目之下復有小子目如地理爲總目山川爲子目而河湖溪蕩陂塘井泉之類屬於山川之下者皆小子目也又不容與子目相並則悉低三字以示區別至總目之敘當低於總目一字子目之敘當低於子目一字而鈔本亦多舛誤如潤爲丹陽郡以下乃子目敘郡之

敘當低三字而原本僅低二字此類甚多且有子目下空一字即寫敘者今並逐條改正小子目無敘者多其有敘者亦較小子目再低一字

鎮江府在禹貢周職方氏○鈔本鎮字上空一字不提行

案鎮江府以下乃敘郡之正文正文與敘萬無同在一行之理後凡有似此者悉改爲提行頂格俾正文與敘不致相混至子目後之正文大抵不止一條鈔本每於上一條之後空一字即寫下一條如敘郡之正文鎮江府以下爲第一條秦置以下爲第二條漢初以下爲第三條鈔本皆止空一字遂至累牘連篇皆用此式如卷十四唐潤州刺史門之類是也甚且有此條直接彼條並一字亦不空者如卷四職田門之類是也蓋由傳鈔者但知

惜紙以致眉目不清今悉改爲提行頂格其鈔本已提行而未頂格者亦改爲頂格以歸畫一原本除每卷首行頂格寫書名外其餘皆低二字無一行頂格者體例殊不允協必非原書之舊今特改正惟本當空一字不必提行者則悉仍其舊而不改焉如卷十六通判壁記卷十七縣令壁記之類不必人人提行卷十八人物門內子弟之附於父兄傳後者皆止空一字是其例也

景帝四年屬江都○鈔本此句上有景帝時屬江都六字

案上文云高帝六年爲荊國十二年更名吳鎮江之屬荊國屬吳國必述其始於何年則其改屬江都亦必述其始於何年自當云景帝四年不得但云景帝

時也既云景帝四年屬江都不應又云景帝時屬江都矣則此六字爲衍文無疑其他一二字之重複顯然知爲衍文者如卷三風俗門按本府普照寺鈔本普字上多並字卷七神廟門云衡門之下鈔本門字上多山字此類甚多皆從嚴氏所校刪去不復一一列於此記以免繁冗惟所刪較多者始特載之卷十七金壇縣令壁記自林極以上皆云某年到周元亨以下皆云某年到任然多一任字亦屬可通則當悉仍其舊不必刪去其他字數微有參差而於文義無礙者俱仿此例

此參考元和郡縣圖志○鈔本及寰宇記姑孰志以書○大字

北府事互見郄超○鈔本王恭劉牢之等傳○大字

案以上兩條張氏鑑云當是子注羼入正文也其說

最確今據以改正卷三攻守形勢門申浦以下張氏云此係子注今亦從其說改爲雙行由此例推之凡注明出處者皆當爲小字如卷十四卷十五之參佐門將佐門內各人傳下必注明見於何書其中寫小字者原本也寫大字者傳寫之誤也其注明互見他處者亦當爲小字如此卷之詳見郡縣表卷三之詳見雜錄若列於大郡之中未免橫隔語氣今皆一律改正

廢江都郡之延陵縣爲丹徒徙延陵還治故縣屬茅州鈔本廢字下有爲字而無爲丹徒以下十三字

案此條上文自開皇十五年以下數行皆採諸寰宇記惟此處衍一字少十三字遂至語氣不完而事情亦復不合今特據寰宇記以正之上文云隋廢南徐州爲延陵鎮移名

於京口考寰宇記本文移名作移居而元志郡縣表亦作移名二字均屬可通不妨仍存其舊後凡所引之書與原書微異而於文義無礙者俱仿此例外此之字句脫落而有原書可檢者悉爲補之仍著於記以備參考惟所脫者止一二字爲人所共知者如卷三營田門小麥田六百三十三畝鈔本脫畝字卷六山川門靜惠王宏子正義傳鈔本無傳字此類甚多則但補之而此記不復贅焉卷二十一雜錄天文類注云同上而上文不注所出張氏鑑以爲上有脫文然考全書內似此者不少且有前數條注出處而後數條不注前數卷注出處而後數卷不注者勢難一一查補今皆仍其原文

今按資治通鑑○原本不提行

案書之案語短者與正文同在一行尚屬無妨然亦必雙行夾注始與正文有別如卷十四宋太守門及參佐門各人傳內之案

語是也若案語長者與正文同在一行則界限既覺不清而作志者折衷審定之苦心亦無由以見故凡言案者言今案者卷五土貢門及寬賦門皆言憲謹釋日亦係案語張氏鑑嚴氏杰謂當作雙行小字今定爲提行低一字與本文無案字而實係案語者皆當提行低一字如此卷京口在建鄴東北以下十四卷竊詳上下文意以下是其例也以免與正文相混

以上缺〇以下缺〇鈔本無此六字

案此條述丹徒等縣所屬之郡據隋廢郡縣爲延陵之語則此所述者丹徒縣也始於梁終於隋上不及齊以前下不及唐以後則必有缺文無疑蓋此書刻本久亡傳鈔者多所遺

落茲就本文考之其上下文詞意未完者如卷六京口當南北之要衝以下乃修漕河之記文當有撰人姓氏今本無之必是佚脫及但有開端數字而無申釋之語者如卷六丹陽縣治內金鵞池之類缺處均屬顯然自當注明其缺以便尋檢至於鎮江之人物古迹必當一一紀載而此志竟多缺略如人物內之唐蕭穎士宋宗澤古迹內之漢荊王墓宋高祖宅皆見於史傳及唐以前地志信而有徵其他類此者不可枚舉今皆無迹可尋未便臆爲補入則悉仍其舊焉卷十一知院蔡卞宅條下云與莊定公王存宅相近則上文本有王存宅矣今鈔本脫去考元志卷十二亦有王存宅似當補王莊定存宅缺六字於知院蔡卞宅前然全書中似此者難以枚舉今亦仍存其舊以免繁冗

子目缺○鈔本無此三字

案此行以前所述者皆係實土以後所述者皆係僑土不應同屬於一子目且下文自今之郡境至備載焉玩其文義確係子目之敘據敘中所云寄治郡邑及寄治丹徒之語則子目當爲寄治二字或是僑寄二字今姑列此三字以備考焉

梁武改武進爲蘭陵入晉陵○鈔本無入晉陵三字

案上文自晉武以下數行皆本於元和郡縣志此句較元和志少三字語意未完茲特補入下文方析晉陵西界立武進縣鈔本陵誤作武又脫去進字今亦據元和志改正

子目缺○原本無此三字

案自史記以下皆述天文與上文述寄治者不同自當另有子目據正文内引漢志斗分野後漢志今吳越分野之語其子目當是分野

牽牛流爲揚州分爲越國○鈔本牛作女

案此二句爲春秋元命包之文緯書久亡此志引之者實據晉書地理志所載今晉書旣作牽牛而爾雅釋天釋文及御覽州部十七所引亦無作牽女者其爲傳寫之誤無疑

子目缺○鈔本無此三字

案自宋志南徐州以下皆述郡境與上文之述分野

者不同亦當另有子目歷考古今志書紀四至八到者多在疆域門內此下所引諸書皆述鎮江府之四至八到其子目當是疆域

卷二

事見刺守類○鈔本作事見官類刺守

案此書之例有一字之子目如公廨門內倉庫之類而無一字之總目自卷一地理至卷二十二拾遺皆兩字以上若刺守之上更有總目當是兩字不得僅一字也且刺守二字互見他卷者數處皆但言刺守而不更言官類卷十五督護徐龕注云詳見刺守褚裒之下判官王澹注云事見刺守卷十六押衙趙龔注衙將劉浩注並云詳見刺守至卷一

敘郡注則云並具刺守類尤刺守爲總目之明證疑此句本無官字傳寫者誤衍之而又倒類字於刺守之上耳

子城缺○鈔本無此三字

案藏氏守梧謂當補此三字今考子城爲內城羅城爲外城上文既載羅城則此處當述子城矣況他卷每言子城卷六放生池下云在子城西南卷十二戶部大軍三倉條下云北倉在子城西而元志卷二城池門亦詳載子城皆可爲藏說之證

其後廢壞漫無存者○鈔本此下有嘉定以下一段

案鈔本下文云嘉定癸未守臣龍圖大卿趙善湘云

云考元志卷十五宋太守門趙善湘注云嘉定十四年十二月至十七年召癸未爲嘉定十六年正善湘守郡之日然史彌堅令盧憲修志在嘉定九年以前至十六年則彌堅與憲皆已去任所著府志無由載善湘之事此必嘉定續志之文也今移入附錄之內

丹陽縣 缺 金壇縣 缺 ○ 鈔本無此八字

案宋嘉定時鎮江府所屬三縣丹徒丹陽金壇是也元至順時亦然各子目下自當分述三縣之事如此巷城池門之類今坊巷門內止載丹徒縣而丹陽金壇二縣俱無下文之橋梁津渡亦然此三門者皆各縣之所必有而此

志竟無之必本有而佚脫也元志此三門內丹陽金壇俱有今特各補八字於後以存原書之梗概他卷之一縣有而二縣無二縣有而一縣無者並仿此例卽或其縣內本缺此門非志書之缺亦必注明其缺以歸畫一如卷十一陵墓門內分陵墓二小子目金壇縣本有墓無陵而陵內亦必補金壇縣缺是其例也

卷三

以賊非牛酒不嘯結○鈔本酒作馬

案下文但言禁屠牛而不言禁乘馬則此句不當作牛馬矣新唐書作牛酒今據以改正

盤句容中道至雲陽西城○鈔本道字下有自小其三字

案景定建康志卷十九破岡瀆注引建康實錄與此志所言正同而無自小其三字鈔本有此三字則上下文義不貫元志卷七所引亦無此三字今刪

卷四

田賦◯鈔本此後有明朝以下一葉餘

案明時事不但嘉定志不應載卽至順志亦不應載而鈔本二志內均有明時之事至順志卷十五有故明時本府一段嚴氏元照以爲當刪今考乾隆鎮江府志載丁元吉成化志序云永樂中先伯考蘭室先生續修之又卷三十七儒林門云丁禮字思敬丹徒人以耆年辟知

南陽府所著有郡志三餘集蘭室吟稿據此則永樂鎮江志乃丁禮之所撰也嘉慶丹徒縣志卷三十二書目類有明丁禮鎮江府志卷五戶口類云右永樂成化二志皆與元志不合則永樂志爲丁禮所撰審矣鈔本此段述明朝事一葉中四言永樂三年分下文課程門內有明朝事一段亦四言永樂三年分則丁氏之撰志必在永樂三年矣據十駕齋養新錄永樂大典成於永樂五年疑嘉定至順永樂三志皆在大典之中後人鈔嘉定至順志者誤收入永樂志數條耳張氏鑑云京口耆舊傳王萬全子遇見科舉類而耆舊傳內無科舉類此必元志原文永樂大典混收入耆舊傳也然則永樂志混入嘉定志至順志其致誤之由亦若是耳惟永樂志亦久失傳棄之究屬可惜故今於二志內

言明事者歸於附錄之內俾時代不致混淆而明志之僅存者亦不致於湮沒焉

今丹徒縣營田夏料○鈔本此段後有今丹徒縣營田夏料一段

案此一段三行有餘共一百二十餘字鈔本下文又有一段與此全同必係傳寫重複今删

軍田○鈔本作軍營

案卷十兵防詳言軍營之制不應複見於此且此處敘及正文但言田不言營又總目爲田賦則此當作軍田審矣

卷五

田賦○鈔本無此二字

案卷四卷五俱以田賦爲總目卷四之子目凡三屯田軍田職田皆言田者也卷五之子目凡十土貢錢監寛賦常賦和買經總制錢免役錢均役課程坊場河渡皆言賦者也則卷五之首必當有田賦二字

常賦○鈔本此行後有夏稅以下數葉

案鈔本自夏稅以下二葉餘乃元志之文大字內所言鎮南王及大司徒阿你哥皆元時之人而子注內所言至順三年尤其確證自至元十三年以下一葉餘亦元志之文所言至元大德至大延祐至治泰定天歷皆元之年號今皆移入元志嚴氏元照云恐是元志張氏鑑云至順志轉不載其詳疑亦有佚脫非完

書矣又自嘉熙二年以下一葉其中所載年號如嘉熙寶祐景定皆在嘉定以後張氏據此謂是咸淳志今從其說移入附錄內至德祐元年以下數行張氏謂德祐又在咸淳以後詳其義例又不似元志未能詳也今考元志卷六公田租米條後載皇慶二年金壇縣申文內引德祐元年謝太后詔與此段約同惟少先帝幼沖居簡軍國惟所專制及使吾與嗣君坐受其禍數語蓋元時以宋爲勝國故先帝嗣君等字不便列入公牘而此段全錄其詔而不刪故張氏以爲不似元志惟是既非宋志又非元志此數行幾於無

處安放以意揣之疑永樂志之文也今移入附錄之
內

夏稅○鈔本此行前有均役以下十數行

案宋志元志俱有常賦門宋志之常賦爲田賦之子目元志之常賦爲賦稅之子目二者大略相同元志旣以夏稅秋稅爲常賦之小子目則宋志夏稅秋稅亦爲常賦之小子目不應以均役一門橫隔之也今將均役以下十數行移至免役錢之後俾各從其類焉

大常博士許載吳唐拾遺錄云○鈔本太常博士作絹紬綿按

案戴氏守梧云下文述夏稅之目絹紬綿之外尚有絲羅及大小麥鹽錢等物不應獨舉此三者且絹紬綿三字之後忽接以按許載句未免不辭當據容齋隨筆所引改作太常博士四字今從之

糯米六千五百七十七石○鈔本七十七作七十八

案張氏鑑云至順志引作七十七石以注中所載合計作七爲是今從之此外總數散數之不合者亦復不少以其無他書可證難於改訂今姑仍其舊焉祥符圖經所載之總數散數往往不合宋志亦云未詳蓋數目本易誤也

薐七萬五千六十領白水灘租錢一百一十六貫○鈔本

是小字

案張氏鑑云至順志引作大字此誤併入注今從其說改爲大字張氏又云餘亦多誤併當依至順志分析爲是蓋下文丹徒縣三字鈔本復誤爲小字也今亦從其說改爲大字

課程○鈔本此行前有上供以下二行此行後有明朝以下十數行

案自明朝以下十數行屢言永樂三年固是永樂志之文即上供以下二行亦與前後文不相聯屬嚴氏元照以爲當删今從其說移入附錄之內惟是下文宋元嘉以下十數行嚴氏謂另有一目而不知課程二字即其子目永樂志之有課程門蓋沿宋志之舊不得因永樂志之當删遂並此二字

亦刪之也故仍留二字於此

坊場河渡○鈔本接上寫不提行

案下文分列三縣數目與上文總言鎮江府者不同自當另爲一目

卷六

山○鈔本無此一字

案此卷以地理爲總目山川爲子目說見卷一地理條下山水河湖至井泉爲小子目卷八廣福院條下云餘見井泉此井泉爲小子目之證井泉既共爲一目則丹徒縣之中泠泉與丹陽縣之葛洪煉丹井當在一處至於塘之一類當與溪港爲伍乃鈔本列中泠泉於港之後溪之前而列塘於井

後皆屬傳寫之誤今悉改正井泉既爲小子目則山水以下亦必爲小子目可知今皆一一補入以清眉目

劉楨京口記○鈔本劉楨作劉損之

案戴氏守梧云之字衍損字當作楨記憶太平御覽所引如此今考御覽四十六卷北固山內引京口記正作劉楨戴氏之説是也隋書經籍志云京口記二卷宋太常卿劉損撰輿地紀勝亦作劉損之然太平寰宇記等書所引皆作劉楨則損字必楨字之誤也宋元二志引京口記亦多作劉楨此處作劉損之者蓋傳寫之訛耳

按周益公玉蘂花辯證跋語引南史劉杳傳云○鈔本作楈

音陣南史劉杳傳所謂㮇酒者

案至順志卷四土產門山礬注亦引周益公文當卽本於此志今據以改正蓋㮇音陣三字列於葛洪字苑作木旁沓之後則上下始相聯貫若置之於前則語氣未免橫亘至於引南史劉杳傳云改作南史劉杳傳所謂㮇酒者亦覺文義不安況脫去周益公玉蘂花辯證跋語十字則此一段竟不知爲何人之語是尤不可不補者也

金山在江中去城七里○鈔本自此以下二葉餘在元志卷七內

案張氏鑑云紫金山正當寺心一條後紫金泉條子

注引作嘉定志今嘉定志無此文又此處體例頗近
嘉定志疑傳寫誤混之也今考下文云高宗皇帝幸
建康孝宗以元子扈從又云陳巖肖侍郎庚溪詩話
贊聖製詩又云雄跨堂乾道初淮東總領洪适取聖
製詩中詞揭之皆係宋人語氣元人斷不應作此言
也且元志卷九龍游寺注載宋孝宗詩與此處所載
前二句正同而無狂敵每臨須破膽何勞平地起戈
矛二句蓋彼乃元志故删之此則宋志故不删也雄
跨堂注載洪适事亦與此同惟易聖製詩爲孝宗詩
而增宋字於乾道初之上蓋彼乃元志故但稱宋此

則宋志故特稱聖也且元志之例詳於寺觀與宋志之例詳於山川者不同故煉丹臺寶蓮閣及朝宗吸江等亭宋志詳於焦山條下元志則載於普濟寺條下而焦山條下則不復見是其明證若此條果是元志則妙高臺浮金堂化城閣留雲亭玉鑑堂煙雨奇觀亭吞海亭無邊閣金鼇閣等地既詳述於龍游寺條下何得重出於此乎此條引周必大二老堂雜記及毛友玉清神霄萬壽宮記而元志龍游寺條下亦引之若是一人之書斷不如此重複況此條引頭陀巖記云貞元二十二年鈔本貞作正元人不應爲宋朝避諱其爲宋志無疑今從張氏說移入此卷石排山條下云在金

山之西故補列金山於石排山之前至元志內亦當有金山石排山條下云在金山西水中焦山條下云見金山注是其明證蓋爲傳寫者佚去今不可考矣

𥫗此字不全○鈔本𥫗作竹

案下文云右故資政邵亢就山下斷石考次其文而闕其不可知者是所載瘞鶴銘乃邵亢之本也汪氏士鋐瘞鶴銘考引邵氏本此處亦作𥫗注亦云此字不全則不當作竹字明矣元志卷二十一焦山瘞鶴注竹字今亦改爲𥫗下文厂字下注云不全鈔本厂誤作入今亦據瘞鶴銘考所引改正至於害井尸ナ氵冫六字不全與瘞鶴

銘考所引正同元志卷二十一所載亦與此同今悉仍其舊以存拓本之眞焉原書內有空處作口者有注明缺幾字者蓋疑以傳疑之意今皆存之

十四年乙未歲○鈔本四作一

案上文云壬辰者梁天監十一年也甲午者十三年也則乙未歲爲十四年無疑瘞鶴銘考所引之東觀餘論正作十四年今據以改正元志卷二十一所引亦作十一年與宋志同誤下文引苕溪漁隱云得楊許顏三眞眞迹顏最多而學之鈔本脫二顏字今亦據瘞鶴銘考所引補入

京口集有朱彥章過汝山詩○鈔本此下有元一統志上出藥物薺苨十字

案張氏鑑云子注多引元一統志並是後人羼入嚴

氏亦以爲當删其説良是或謂元一統志乃岳鉉等所修成於大德七年在至順以前宋志固不當引元志未嘗不可引也然使此條果是元人所引則當云大元一統志或云皇元一統志否則但云一統志亦無不可今云元一統志則非元人語氣是不特非宋志抑且非元志疑永樂志之文也今移入附録之内後凡引元一統志者仿此

從舅原均○鈔本舅作舊

案舊字義不可通今據全唐詩所載權德輿詩序改正卷十四參軍事權少清條云以事長者鈔本長作見今亦據全唐文所載權德輿序改正

孔子福地記云○鈔本無地字

案太平寰宇記潤州延陵縣條下所引有地字今據以補入

兼管發落文字從

案此句詞義不明疑有脫誤或疑從當作事或疑從爲衍文或疑從字下有之字然此段乃宋會要之文其書久亡無從查核未便以意增改今姑仍存其舊以俟後人之考訂焉他卷之語難强解者如卷十二濟川亭條云爲重客候潮匽薄之所是也及文似未完者如卷二十二鞫獄類指揮門不令相見是也俱倣此例若夫稱劇寇爲鼎寇卷二十二武事類云鼎寇楊么稱

棟記爲脊記卷八惠安院注云向氏脊記此則當時之常語未可概指爲誤矣

以上缺○鈔本無此三字

案下文自京口當南北之衝至是可書已濬渠記之一篇也自嘉定甲戌仲冬至於是乎書濬渠記之又一篇也二篇之記皆述史彌堅濬渠之事而非出於一手下一篇之前既云禮部侍郎李𡌴爲之記則此篇之前亦當署撰記者之姓名矣今乃不言作者姓名則必有缺文可知

練湖在縣北百二十步○鈔本練作故

案此句本於元和郡縣志而彼文實作練湖則故字必誤字也下文令弟諧過馬林溪鈔本諧作詣今亦據元和志改正

皆淤塞不通○鈔本此下有京口耆舊傳一段

案　四庫全書提要云京口耆舊傳所載京口人物始於宋初迄於端平嘉熙間考端平嘉熙乃理宗年號則耆舊傳之成書當在理宗以後嘉定乃甯宗年號在理宗以前作嘉定志者斷不得見耆舊傳而引之此必咸淳志之文也今移入附錄之內後凡引京口耆舊傳者仿此

南唐知丹陽縣鎮兼檢點館驛迎送公事○鈔本作文粹有李華練塘頌南唐知丹陽縣鎮事

案戴氏守梧云上文但言練湖有唐劉晏南唐呂延禎奏狀及延禎序銘而未言文粹有李華練塘頌不應於劉晏奏狀之後呂延禎奏狀之前忽以此八字橫隔之其爲衍文無疑上文述劉晏之官階云唐東都河南江淮等道轉運使檢校戶部尚書兼御史大夫其詞最爲詳備而此處述呂延禎之官階但云南唐知丹陽縣鎮事未免太略據丹陽縣令內呂延禎傳當作南唐知丹陽縣鎮兼點檢館驛迎送公事方

爲前後一例其說最爲有見今皆從之上文云今併備載使來者有考鈔本今併下有以聖朝淳熙間記文八字戴氏云上句言古刻漫漶鮮有傳者蓋指劉晏呂延禎之記而言至於淳熙間之記雖見於下文然此處不應牽涉當刪去八字今亦從之

澗壁又作諫壁以南史考當從諫

案戴氏守梧云南史實作練此諫字疑練之訛傳寫者以意改據陶南村古刻叢鈔所載宋碑及沈約宋書史記吳王濞列傳正義皆作練壁諫字無所取義乃練字之訛以形聲相近也此作澗本馬令南唐書當由土俗語音借蘇東坡詩中已作諫壁則練之誤諫自宋始矣其說固核然宋志中澗壁諫壁屢見當

是各據所引之書所謂今兩存之者正指全書而言
南史諫壁疑是當時所見之本不與今所傳本同
得天保報上之義矣○鈔本此下有放生池創於紹興一段
案自放生池以下二葉餘皆記嘉定十五年郡守趙
善湘濬放生池之事夫嘉定志爲盧憲所作憲之爲
鎮江教授在嘉定六年去任在嘉定九年其作嘉定
志必在六年以後九年以前不應記十五年之事此
必嘉定續志之文也說詳卷十二有謝公妓堂遺迹條下今移入附錄

卷七

祠廟○鈔本無此二字

案卷六山川類焦山普濟院碑注云具祠廟明應公祠今考明應英濟公祠正在此卷蓋此卷以宮室爲總目而祠廟則其子目也居宅陵墓俱以時代爲敘而祠廟不以時代爲敘者蓋以鬼神之時代與建立祠廟之時代先後每有參差故也下卷僧寺門及道觀門俱仿此

三賢祠堂在縣圃○鈔本此下有丹徒舊有孔子廟以下十數行

案孔子廟主紀於學校門宋志卷十學校門紀夫子廟元志卷十一學校門紀先聖廟不應與他廟並列於祠廟之內且鈔本丹徒以下一段內有嘉熙年號在嘉定以後當是咸淳志之文今移入附錄

其來尚矣可得言乎○鈔本無尚矣二字

案此二句乃唐顧雲記文鈔本脫去兩字遂覺不辭今據全唐文所載補入下文脫誤者如橋柱留名鈔本脫柱字柳絮輕籠於夜月鈔本脫絮字虜騎解圍鈔本脫解字祀寢先朝鈔本寢誤作寑餘三字俱脫倚鷁舟於鼇海鈔本鷁作蠲抗飛章而達聽鈔本脫達聽二字才堪料敵鈔本才誤作名又脫料敵二字仰惟妙算鈔本脫惟妙算三字心花墮葉於空門忍草抽芽於覺岸鈔本脫葉字岸字談空說偈鈔本脫談空說三字徒懷素志鈔本脫懷素志三字酒有餘酹鈔本酹誤酧凡十餘處今皆據全唐文訂正

卷八

僧寺○鈔本無此二字

案元志卷九以僧寺爲總目寺院庵爲子目此卷亦以寺院爲子目而無僧寺之總目則不獨與元志之例不符抑且與他卷之例不合必傳寫者之誤也下卷道觀二字鈔本亦脫去今皆補正元志卷十以道觀爲總目宮觀院庵爲子目宋志以觀院爲子目既與元志相同不應獨無總目也

普濟禪院〇鈔本此下數葉在卷九

案僧家之院不應與道觀同卷今皆移入此卷列於僧寺之後惟道家之院仍列於道觀之後俾門類不相雜焉

普慈寺後千竿竹〇鈔本慈作濟

案此句乃蘇東坡題普慈長老壁詩集中正作慈字元志卷十昭慶報慈寺注引此詩亦作慈字卽此段上文亦云宋朝改普慈則濟爲誤字無疑

卷九

華陽觀○鈔本此下三行在元志卷十

案下文云宋朝政和八年改今名鈔本宋作聖今作宋朝乃嚴氏所改元人作書不應稱宋爲聖朝此必宋志之誤入元志者也茲特訂正下文延昌觀歸眞觀俱仿此例延昌觀條下云宋朝治平中改今名歸眞觀條下云宋朝祥符中改今名鈔本宋字皆作聖

廣明初里人張彥記○鈔本此行後有崇壽觀以下一葉餘

案鈔本崇壽觀條載虞集碑文張氏鑑云忽又雜入元人文字不可解今考此段大字云歸附後至治二年子注云是為今泰定甲子皆是元時年號嚴氏元照以為自歸附以下當刪張氏亦同其說張氏云此條至治二年云云當是元人續增似至順重修時羼入者然鈔本此卷各道觀條下凡言及宋皆稱聖朝惟崇壽觀條下但稱宋而不稱朝則不獨歸附以下非宋志即歸附以上亦非宋志也今移入元志卷十道觀門內宋志內亦當有崇壽觀今既脫去無從追補不必分元志之前半為宋志也

華陽觀○鈔本無華陽二字

案此條末云京口集有吏部洪興祖華陽撫掌泉詩則此觀名在華陽可知上文之華陽觀在丹徒縣馬墅村置於宋元嘉時本名仁靜觀魏法師之所居也此處之華陽觀在金壇縣大茅山置於唐寶歷時任眞君之所居也二觀名同而地異乾隆鎮江府志卷二十寺觀門於丹徒縣金壇縣分載二華陽觀與此志同今據以補正下文云與崇壽觀相近鈔本脫壽字嚴氏元照補以元字今考乾隆鎮江府志云華陽觀在崇壽觀西蓋崇壽觀雖本名崇元觀然宋時既改爲崇壽則不應作崇元矣

今新建豐城二縣界○鈔本建作城

案元志十九方外諶母注作新建今從之焦山本建

作是亦誤

卷十

子目缺○鈔本無此三字

案下文臧燾臧榮緒諸葛璩三段皆言師儒教授之事自當列於學校門內惟學校二字乃是總目總目之下必當另有子目今總目之敘既缺無從考證姑著三字於此以俟後人之補正焉下文兵防門內自水軍以下言卒伍之事自乾道六年以下言營寨之事皆當另有子目今亦各列子目缺三字於前以存梗概

本府○鈔本無此二字

案下文自御書殿以下皆言府學自縣學在成德堂

之東以下皆言縣學府學以前無本府二字縣學以前無丹徒縣三字則界限不清至於丹陽金壇二縣學當列於丹徒縣學之後今鈔本既脫去若不言其缺亦不免滋閱者之疑今皆一一註明夫子廟及書院仿此丹徒縣後言縣學在成德堂之東而本府後不言府學在何處則必有缺文明矣今注以上缺三字於

御書殿之上

學門教官袁孚以規制未備撤而新之○鈔本此行前有祭器以下一葉餘

案自祭器以下三段兩言嘉熙己亥四言教授劉卿月己亥爲嘉熙三年正劉卿月爲教授之時元志卷十七學

職門云劉卿月嘉熙三年七月至陳埜嘉熙四年十二月至距嘉定九年盧憲爲
教授之時已二十餘年必非嘉定志之文矣末一段
程待制邁云云雖未明言歲月然實嘉熙己亥劉卿
月所建元志卷十一學校門云先賢祠宋嘉熙三年郡守吳潛給木材命教授劉卿月鼎創東室則兼祠樞密沈公夐中書萬公鍾待制程公邁云云是程待制等之祠正立於嘉熙三年也當亦
咸淳志之文今移入附錄之內鈔本祭器前有張扶重修學記一段今移
置講堂三鱣堂之後蓋修學記中無一言及御書殿而屢言二堂不應列於御書殿之後也
泮泉在學之西○鈔本此行前有龍龜麟鳳四靈圖贊一段
案龍龜以下一段內有云教官劉卿月甲午歲得於
應天之府治考甲午歲乃端平元年卿月爲教官正

嘉熙二年端平嘉熙皆在嘉定以後則此必咸淳志也今移入附錄之内鈔本此段内祥風慶雲下脫龜之贊曰四字天下有道下脫神龜出焉以下二十八字今據元志卷二十一考古類郡庠四靈條注補入庶幾仰副聖天予作人之意○鈔本此行後有正至會拜之禮以下兩葉餘

案正至以下凡九段内有言寶慶間及寶慶三年者有言紹定庚寅紹定癸巳者有言端平間者有言嘉熙丁酉及嘉熙二年嘉熙三年者年號皆在嘉定以後張氏鑑疑爲咸淳志是也惟正至會拜之禮一段及丹徒縣薛村田一段鈔本皆注云以上嘉定鎮江志張氏據此謂未注者後人所增已注者爲嘉定志

本文然丹徒縣薛村田一段末云係教授任褎然置考任褎然之爲教授係端平二年見元志卷十七學職門在嘉定之後則亦咸淳志矣正至會拜之禮一段內有言嘉定癸酉教官盧憲而末言今爲常比玩其語氣必盧憲以後作志者之詞也今定爲嘉定續志與下文諸段俱移入附錄之內元志卷三風俗類入學會拜條注引元日上巳一段又引正至會拜一段末云並見嘉定志蓋前一段爲嘉定志後一段爲嘉定續志作志者欲省文故統謂之嘉定志也

禁營在府治之西○鈔本在廣固指揮前一行

案下文威捷全捷威果雄節廣固諸指揮皆禁軍之

名則禁營自當在威捷之前不當在廣固之前矣

卷十一

居宅○鈔本無此二字

案下文自晉刁勰宅以下皆言居宅者也自宋興甯陵以下皆言陵墓者也蓋此卷以古蹟爲總目居宅陵墓爲子目陵墓門內又分陵與墓爲小子目鈔本金壇縣後有一墓字嚴氏以爲標題之僅存者今移至丹徒縣之前而別補陵字於陵墓之後嚴氏元照謂當補此二門是也然又謂古蹟另爲一門而以卷末宋志孝建以下八條當之則其說仍有未安蓋彼八條本卷二十一紀異門器物類之文而誤入此卷者也八條內或言得

古鐘或言得古銅器或言得古鐵或言得玉磬或言得石函與器物類或言得銀木簡或言得玉印者事既相似文義亦同則爲錯簡無疑否則志書紀古蹟豈有不列古人之居宅陵墓而止述古人之器物者乎今補居宅陵墓二子目而卷末八條則移入卷二十一器物門內仍順時代爲敘以復其舊焉器物門內本有齊建元時事一條永明時事一條梁末事一條今列於宋志孝建條後陳大定中條前

晉王珣宅○鈔本無晉字珣字案下文云後捨爲朝陽寺元志卷十二云晉王珣宅在縣市中後捨爲朝陽寺則此句當作晉王珣宅明矣

梁武帝宅○鈔本此下一段在陸澧宅後

案張祜陸澧皆在梁武帝後其宅不應在梁武帝宅前乾隆鎮江府志列梁武帝宅於晉王珣宅後今據以改正戴氏守梧謂乾隆府志載丹陽縣唐人之宅凡四此志止有張祜陸澧權德輿三宅而少桓彥範宅當於梁武帝宅條後補唐桓彥範宅六字今從之惟是後出之志書所有而此志無之者難更僕數或原本未載或已載而脫去勢難一一徧補故戴氏所未述者今皆仍其舊焉

輿地志云○鈔本此下一段在簡文帝綱莊陵後

按建康實錄○鈔本此下一段亦在簡文帝綱莊陵後

案輿地志一段內云梁大同元年作石麒麟又云終有侯景之亂建康實錄一段內云武帝父順之追尊

爲文皇帝又云武帝大同中作石麒麟乃置於此墓是所言者皆武帝脩建陵之事不應列於簡文帝莊陵之後也元志卷十二陵墓類列此二段於文帝建陵之後今從之

寰宇記云梁簡文帝陵有麒麟碑○鈔本在居宅門梁武帝宅條下案二句皆言陵墓與居宅無涉且係簡文帝之陵與武帝無涉故置之武帝宅後則文義不貫而移至簡文帝陵後則與陵前石麒麟高丈餘之句正相聯屬也玆特改正

宋神士冢○鈔本無此四字

案此四字乃一段之標題鈔本脫去詞意不完且與上文晉郗曇墓褚裒墓之例不相符合嚴氏元照謂少帝以下二行無所附麗而删之今仍存其舊而補四字於首元志卷十二陵墓門內亦補此四字

布從子左奉議郎知舒州曾纁○鈔本從作之

案下文云內翰汪藻誌考汪藻浮溪集曾纁墓銘云君之祖易占有子六人曰布謚文肅曰肇謚文昭君文昭暮子也據此則纁乃肇之子布之從子也今改正

馬元穎妻榮氏名莊墓在汝山○鈔本穎作頻無墓在汝山四字

案元志卷十二陵墓類榮氏墓在汝山之陽注云榮氏名莊字正容宣議郎將作監主簿馬元穎之妻也據此則名莊下當補墓在汝山四字上文霍麗墓條下亦云墓在汝山而元頻當改作元穎明矣頻與穎筆畫相似古今人名頻者少名穎者多頻必穎之訛也嚴氏元照知其有脫文而欲改名莊爲合葬未爲得也

樞密副使邵亢墓在耿墤村○鈔本亢作元

案宋元志俱無邵元傳惟元志人材門有邵亢注云累官至樞密副使考王珪華陽集有邵安簡公墓誌銘云公諱亢字興宗亢爲名興宗爲字義正相應若改亢爲元則與興宗不相應矣

嘗爲樞密副使葬潤州丹陽縣上德鄉耿崗原耿崗原與耿堽村蓋卽一地元志陵墓門作耿岡其官階地名皆屬相合則元爲誤字審矣元志陵墓門亢誤作宂今亦改正乾隆鎮江志陵墓門正作亢

將作監主簿章友直墓在金牛山東園○鈔本無牛字

案卷六山川門丹陽縣經山條下云古所謂金牛之山此墓既在丹陽縣境自當作金牛山若作金山則是丹徒縣境矣乾隆鎮江府志陵墓門正作金牛山今據以補入

嘉定鎮江志校勘記上終

嘉定鎮江志校勘記下

卷十二

宮室○鈔本作公廨

案嚴氏元照云多景樓之類非公廨也此題亦係誤列當刪其說是也然刪公廨而易以樓臺則亦未爲盡善蓋下文之子目有樓有臺有亭有堂樓臺二字不足以包之也卷八僧寺類甘露寺條下云多景樓記附宮室類樓觀鈔本宮室作地理今特改正蓋寺觀居宅皆非地理之子目不應樓觀獨爲地理之子目也此樓觀爲子目而其上更有總目之證樓與觀非一類而云附樓觀者亦猶庫與務非一類而卷十六織羅務敘云詳見庫務皆聯言之以足句

耳此卷有樓無觀蓋本有而今佚矣況祠廟既爲宮室之子目則樓觀亭臺之類亦當爲宮室之子目更可知矣

閣學黃由增廣之〇鈔本此下有方輿勝覽一段

案　四庫全書提要云方輿勝覽宋祝穆撰書成於理宗嘉熙己亥據此則甯宗嘉定年間其書尚未成作嘉定志者斷不得見而引之此必咸淳志之文也今移入附錄之內卷十六司馬李元紘注引方輿勝覽今亦移入附錄

有謝公妓堂遺跡〇鈔本此下有郡官廳以下十一條

案自郡官廳至司戶廳八條中三言續編張氏鑑云此志所稱續編當卽至順志所稱咸淳志也今按元

志卷二城池門兩引嘉定續編張氏云所引皆趙善湘事益信續成於善湘時也其說最確此處司戸廳條下云嘉定癸未守臣龍圖大卿趙善湘增建與彼處正同則亦爲嘉定續志無疑張氏知元志所引爲嘉定續志而又謂此志所引爲咸淳志蓋偶未檢耳若司法廳以下三條未注續編而就中都會廳一條注云景定間都倉朱通重建景定在嘉定以後則必咸淳志也今分别移入附錄之内

公廨○鈔本無此二字

案此卷之首誤列公廨二字嚴氏元照謂當移至妓

堂之前其說似矣然妓堂在郡城東南乃謝公遺跡仍是宮室非公廨也今移至治所類之前蓋治所倉庫以下皆公廨之子目也

治所○鈔本無此二字

案元志卷十三有治所類所載之總領所及丹徒縣治與此處之小子目相同其敘內引祥符圖經云云與此處之敘亦同然則此卷必當有治所二字之子目矣

郡治○鈔本無此二字

案下文之監務廳非縣令之署而統於丹徒縣治則

此處之總領所雖非鎮江府署亦當統於郡治可知
卷七李衛公祠條末云淳熙中建閣貯公之文注云
見郡治蓋其閣本在府署今府署條已脫去無從追
補而郡治爲此處之小子目則固不可不補也
丹陽縣治○鈔本無此四字
案三賢堂條下云令徐文度立今攷卷十七丹陽縣
令内有徐文度而丹徒縣令内無之金鸎池條雖缺
然據元志卷七丹陽縣金鸎池條注載夏竦官丹陽
邑掾事則亦非在丹徒縣矣今特補此四字以清界
限下文金壇縣治四字鈔本亦脫去今攷監稅廳條

下云嘉定中宰黃樸監務廖昌緒創建卷十七金壇縣令內有黃朴而丹徒丹陽縣令內無之則當屬金壇明矣上文武功臺注云詳見金壇縣治茲特據以補入蓋金壇縣治內本有武功臺一條鈔本脫去耳

按唐宰相表○鈔本此下一段在丹陽縣後

案下文言浙西館驛又言潤州館驛則此段乃驛傳之敘不應附於丹陽縣之下今改正

丹陽館在千秋橋之西○鈔本此下一段在丹陽縣後

案元志卷十三丹陽驛條下云舊名丹陽館在千秋橋之西輿地紀勝鎮江府景物下及此志卷二橋梁

類云千秋橋在府治之西則其地屬丹徒縣不屬丹陽縣矣傳寫者不知館號丹陽由於鎮江府之本名丹陽郡非由於屬邑之丹陽縣故有此誤元志卷十三並同此誤今亦改正下文秦潭驛條下云在丹陽館北亦當屬丹徒縣鈔本誤在丹陽縣後茲並改正惟使館條下云令蘇忠規建攷卷十七宰貳門丹陽縣令內有蘇忠規而丹徒縣令內無之其爲丹陽之使館無疑今仍從其舊焉

卷十三

嘉定鎮江志卷十三○鈔本此下一卷在元志卷十四內

案此下一卷本係宋志傳寫者混入元志以本書核之其證蓋有十焉郄鑒傳注云鑒治迹具攻守形勢蔡謨傳注云謨治迹具攻守形勢今攷宋志卷二有攻守形勢門郄鑒蔡謨二條並在其內元志則無此門其證一也晉晉陵郡太守敘云晉陵郡始末具地理類今所書太守乃晉懷帝永嘉五年以後安帝義熙九年以前攷宋志地理門寄治類詳述晉陵郡始末而元志地理門內絕不言及晉陵郡且晉懷帝以下二語與元志刺守敘中所言全同若此卷果是元志豈有不言於地理類而複言於刺守類者乎其證

二也張闓傳注云詳見新豐塘今攷張闓創新豐湖
塘以漑田宋元二志俱載其事但宋志載於塘類新
豐塘條而湖類不載元志載於湖類新豐湖條而塘
類不載若從元志則當云詳見新豐湖不當云詳見
新豐塘矣其證三也王藴傳注云以孝武王皇后傳
參定蕭諶傳注云以本傳參定晉安王綱傳注云以
梁武帝簡文帝紀參定沈文季傳注云以宋明帝紀
休祐傳齊書本傳參定陸澄傳注云以齊書本傳梁
江淹傳及潤州類集參定柳世隆傳注云以梁江淹
傳參定謝朏傳注云以齊高祖紀參定王元邈傳王

廣之傳注俱云以晃傳參定江謐傳注云以子艮傳參定褚球傳注云以武帝紀廬陵王續傳參定今攷宋志刺守參佐將佐等門言以某書參定者難更僕數而元志諸卷則無此例其證四也桓溫桓沖桓修傳內桓字及庾希郄愔王恭劉牢之等傳內桓字鈔本皆作亘避宋欽宗諱也永嘉王彥正傳南海王虔傳皆引後主紀禎明二年鈔本兩禎字皆作祥避宋仁宗諱也元人既不應避宋諱而至順志內他卷又皆不避宋諱豈有此卷獨避之理乎其證五也地理門敘郡類云北府事詳見郄超王恭劉牢之傳參佐

類督護徐龕注云詳見刺守褚裒之下今攷郄超王
恭劉牢之褚裒各傳皆在此卷之中而宋志他卷內
別無諸人之傳其證六也參佐門長史沈曇慶注云
自曇慶至齊劉繪並詳見行事南東海太守范岫注
云自岫而下至梁張纘並詳見行事南東海南蘭陵
太守司馬蕭道成注云詳見行事柳世隆注云詳見
南東海太守王廣之注云並詳見南東海太守今攷
行事及南東海太守南蘭陵太守並見於此卷沈曇
慶等人亦並在其中而宋志他卷皆無之其證七也
卞眈傳後按語載庾希作亂事與雜錄人物門曲阿

宏戎條同謂元志雜錄非謂宋志雜錄後皆仿此 江夏王義恭傳載太
祖誠義恭事與雜錄郡事類事繫安危條同江夏王
鋒傳載王文和作詩事與雜錄文事類善變素絲條
同南康王績傳載詰主者洗改解書事與雜錄郡事
類蕭績詰吏條同邵陵王綸傳載破侯景事與雜錄
武事類蕭綸赴難條同蕭藻傳載遣長子彧入援事
與雜錄武事類蕭藻遣子條同李安民傳載斬參軍
王迴素事與雜錄刑罰類流涕行法條同胡諧之傳
載薦江革事與雜錄郡事類諧之舉才條同蕭惠開
傳載逢蔡興宗事與雜錄拾遺類相逢曲阿條同陸

澄傳載江淹焦山詩與雜錄考古類焦山瘞鶴條同今攷元志雜錄門內四字一句者其事皆他卷所未載說詳卷二十二恤刑條下若此卷果是元志則雜錄門內不應複見矣其證八也張氏鑑云此卷詳六朝宦蹟足補宋志之缺今攷宋志人物門內紀晉宋齊梁陳之人物最爲詳悉不應獨缺其職官且參佐門內既備列南朝諸人何反略於刺守況唐五代之刺守皆博引旁徵補其缺佚豈有梁陳以前之刺守竟不載一人而待元志補之乎其證九也嚴氏元照云此卷缺唐五代刺史今攷元志之述職官皆續宋志之所未載

凡宋志所已載者概不闌入說詳元志卷十七儒學條下故唐五代之刺守宋志既一一登紀元志自不重述未可以爲缺文也夫唐五代之刺守元志尚不複見焉肯遠紀南朝刺守之名乎其證十也有此十證則非元志無疑今定爲宋志卷十三以復其舊焉鈔本卷十四述唐五代刺守今改爲卷十五下卷以次遞推

軍次代陂○鈔本代作伐

案下文云代陂之役也鈔本亦作伐注云監書作伐陂今攷晉書及通鑑俱作伐陂此志之例多以通鑑與正史參定則正文當作代爽注始作伐耳嚴氏元

照反欲改夾注爲代非也至於所引監書當卽宋時之監本卷十四來敬業傳注云諸本皆作潤州惟監本作虔州恐監本錯蓋監本錯處亦多今本新唐書宰相世系表來敬業下正作歷潤州刺史卷十五到彥之傳注云宋書監本缺本傳今用李延壽史今本宋書亦缺到彥之傳范雲徐崧傳注並云李延壽史本傳監本不載張氏鑑云范雲爲竟陵王主簿遷改等事南史本傳詳之此云監本不載似宋時監本與今本不同徐崧充南徐徐選首今本南史徐勉傳亦未載此事云據本傳未知是何本也據此志所云則當日國學所校刊者固不甚精也

加元都督徐兗青司冀幽并七州軍事○鈔本無幽字

案無幽字則止有十八州晉書謝元本傳有幽字今據以補入

爲驃騎大將軍南徐州刺史○鈔本此下有同上二字

案自上文永光元年至此句皆宋明帝紀文不應有此二字今删

咸息繇務○鈔本息作自

案息字當訓止息咸息繇務謂停止繇役也鈔本誤作自字遂不可通今據宋書建平王傳改正下文內去聲酌之娛鈔本酌誤爲作今亦據宋書改之

梁武帝紀左僧慶率衆降乃遣弟輔國將軍秀鎮京口

○鈔本無此二十一字

案下文之安成王秀即上文之蕭秀下文之天監元年即上文之中興二年齊和帝以中興二年禪位梁武帝即位後改元爲天監蓋本係一人之傳鈔本有脫文遂誤分爲二人之傳也戴氏守梧謂當據梁書補此數句今從之

紹泰元年○鈔本此下一段在徐嗣徽傳後

案自紹泰以下亦陳高祖紀之文理應列於陳霸先條後不應列於徐嗣徽條後也注中陳高祖紀鈔本重見於南徐州刺史下今刪

黃法氍○鈔本此下有爲鎮北大將南徐州刺史九字

案此九字與下文廢帝紀及本傳重複必傳寫者誤衍也今刪

卷十四

按隋開皇○鈔本此下一段在薛寶積條後

案此段乃唐潤州刺守之敘其中云姑次序其可攷者始薛寶積其末云條列如左則薛寶積條必在此段之後矣嚴氏元照以爲二段當互易今從之

畢公宣化厚○鈔本化作公

案公字義不可通今據全唐詩改正

按新唐書百官志○鈔本按字上空一字不提行

案他卷一子目內止有一敘惟此卷唐潤州刺守一
子目內凡有數敘蓋唐時潤州刺守官名屢變故子
目後之敘所述者自薛寶積至董琬其末云條列如
左此段所述自王昱略至季廣琛其末亦云條列如
左則俱爲敘文可知下文各段言條列如左者四言
條列辨證如左者一言除罷年月如左者一皆仿此
例至於按新唐書方鎮表一段及按舊唐紀元和五
年一段雖無如左字樣然一則述李元素韓皐二人
一則述薛苹至王璠七人與前後諸敘事同一例則
亦爲敘文無疑

得七人曰薛苹李脩賓易直李德裕李蟾丁公著王璠○鈔本七作六無李蟾二字

案此敘後列八人之傳除閻濟美不計外上文云今姑以濟美列於薛苹之前自薛苹至王璠正合七人之數則六人必七人之訛也以李德裕李蟾丁公著三傳攷之蟾爲浙西觀察留後正在德裕之後公著之前嚴氏元照謂當補李蟾二字其說是也

甘露之禍御史中丞李孝本被誅○鈔本無孝字

案甘露之變官御史中丞與李訓鄭注同謀而爲仇士良所殺者新舊唐書及通鑑皆作李孝本未有作

李本者此必傳寫者脱孝字也

燕王李宏冀○鈔本無宏字

案宏冀乃南唐元宗之長子通鑑及南唐書載其名皆有宏字惟此志獨無蓋宋人避諱删去下文宏冀傳內諸宏字鈔本亦删去今並補入

卷十五

沈周○鈔本無此二字

案上文宋潤州太守敘內言補壁記及前志所遺者自王昱以下凡十二人而沈周在其中且引王安石所撰墓志銘及長興集夢溪自志以證之考訂頗爲

詳審王昱等十一人既皆有傳則沈周不應獨無此必傳寫者佚之也元志卷十五宋太守門列沈周於首注中所言括之父云云與此卷敘中所言全同蓋傳寫者誤以宋志之敘爲元志之傳也今删彼移此張氏鑑以爲元志內之沈周乃補宋志之遺然宋志敘內本有沈周則不得謂之遺矣

胡世將○鈔本此條在沈與求沈晦劉甯止李謨之後

案下文云徽猷閣待制後再以徽猷閣直學士紹興六年十二月辛酉御筆除世將爲給事中卷十學校門載張扶修學記云紹興三年端明胡世將復取之又五年寶文李謨請於朝蓋世將守潤前後凡兩任

皆在李諟之前也沈晦條下云紹興四年沈與求條下未言年月據乾隆鎮江府志卷三十三名宦門所載其守潤在紹興七年是世將初任在晦之前再任在與求之前矣上文之王琪蔡卞林虙毛友等或再任或三任皆以初任之年月定其次序然則世將自當列於晦及與求之前不應反在諟及甯止之後矣至於晦之守潤在與求之前而鈔本列於與求之後諟之守潤在甯止前（諟傳云劉甯止後再以直寶文閣知鎮江府是初任在甯止前再任在甯止後也）而鈔本列於甯止後均爲舛誤今亦改正

襄陽張子微集有代劉潤州到任謝表○（鈔本此下有輿地紀勝一

段

案揅經室外集輿地紀勝提要云今考其成書之年在南宋嘉定十四年又宮闕殿門壽康宮下引朝野雜記云甯宗始受禪云云則是作序在嘉定全書之成又在理宗時矣據此則不獨作嘉定志之時不及見是書卽作嘉定續志時亦不及見是書此必咸淳志之文也嚴氏元照以爲當刪今移入附錄之內後凡有引輿地紀勝仿此

次年除太府少卿○鈔本此下有方滋一段

案方滋爲鎮江太守前後兩任上文傳內已詳言之

下文但言隆興二年之後一任不言紹興三十二年之前一任而其詞則與上文無異蓋傳寫者誤複之也今刪卷十七宰貳門丹徒縣令內云梁禇澐本傳先曲阿令又延陵令下文復云梁禇澐本傳爲曲阿令清謹可紀者蓋丹陽縣本延陵曲阿之地故分列二邑令長於丹陽令長之首前紀禇澐以延陵爲主後紀禇澐以曲阿爲主本非重複與此處兩言方滋不同

依所乞宮觀○鈔本此下有邱壽儁一段

案邱壽儁之知鎮江府在嘉定八年其時盧憲尚未去任似可列其名於嘉定志中然其末云十二年正月改知揚州則憲已去任恐係嘉定續志之文也今移入附錄之內

參佐○鈔本無此二字

案自此卷大中正以下至下卷都酒務以上皆係參佐元志官制表參佐之目與此正合大中正敘末云故以之冠於參佐之首是其明證今特補入下卷唐別駕前一行亦補此二字

晉宋齊梁陳大小中正以下○鈔本無此十一字

案下文長史前有晉宋齊梁陳長史司馬以下十一字別駕前有晉宋齊梁陳別駕治中以下十一字則此處亦當有此十一字明矣下文宋迄陳郡丞齊梁典籤文學及下卷宋通判以下皆仿此例補入

擇州之賢有識鑒者爲中正○鈔本賢作優識作昭

案此敘引通典以證中正之制而優有昭鑒句語句不明今據通典原文改正

右大小中正至監州缺○鈔本無此九字

案下文法曹參軍條後有右長史司馬至法曹參軍云云部郡從事條後有右別駕治中至部郡從事云云則監郡條後必當有右大小中正至監州云云但州字以下難以臆補故注一缺字下文右典籤文學缺下卷右知鹽鐵院因鹽鐵使置俱仿此例補入

晉劉遐郄鑒傳○鈔本傳字上有本字而無劉遐二字

案下文云以府事付長史劉遐蓋遐乃鑒之長史則

晉字下必有劉遐二字否則郄鑒乃刺史何得列於長史中乎遐事附見鑒傳本字不當有

盧循逼京邑京口任重○鈔本無京邑二字

案京邑謂建康京口謂南徐州也無京邑二字則與當日事勢不合今據宋書劉粹傳補入

驟成其磊落大績○鈔本無大字

案唐文粹所載皇甫湜顧況集序內此句有大字今據以補入

未幾而罷昨以尚書員外郎奉使至潞○鈔本無而罷二字

案無此二字則文義不順今據全唐詩所載劉禹錫

贈從弟三復詩序補入

卷十六

司馬〇鈔本無此二字

案自邢長史以上皆官長史者也自薛訥以下皆官司馬者也若不標此二字則混而不分今從嚴氏說補入

韓啟餘俞之子愈之姪〇鈔本愈作俞

案韓俞父雲卿爲文公之叔俞與文公爲從昆弟而啟餘則文公之姪也鈔本誤愈爲俞遂不可通今據新唐書宰相世系表改正

林中○鈔本此下一段在元志卷十五北廳通判內

案注云未詳何年人嘗建存心堂在潘友文之先則開禧以前人也今攷南廳壁記有潘友文注云開禧三年到任而北廳壁記內無之此必傳寫者之誤今特移至南廳潘友文前下文魏珪條注八年八月至以下鈔本亦誤入元志北廳通判內今亦攷正珪以嘉定八年至九年七月去正盧憲任教授之時當爲宋志不當爲元志矣況北廳壁記載任一鶚以嘉定九年二月到任若珪是北廳通判則九年二月珪尚未去任一鶚安得已到任乎則珪爲南廳而未爲北廳明矣元志內魏珪朝奉大夫六字與宋志複今刪之

武守中○鈔本自此條以下至臧辛伯條皆在元志卷十五

案宋元二志皆載南北西三廳通判宋志所載南廳終於魏珪北廳終於任一鶚皆在嘉定九年以前元志所載南廳始於黄士特北廳始於衛闓（其注云未詳何年入嘗建北廳秀野堂記姑載之於首今攷下文之史厚祖以嘉定十一年三月至而宋志之任一鶚以嘉定九年二月至則闓之到任當在十年矣）皆在嘉定十年以後然則宋志之西廳必當載臧辛伯以上諸人（臧辛伯注云嘉定四年閏三月至）不得混入元志之内元志之西廳止可載邱壽邁以下諸人（邱壽邁注云嘉定十二年正月至）不得濫收宋志之文矣況通判敘云南北廳舊不著名氏則西廳舊著名氏可知今將武守中以下移入宋志而補西廳壁記四字

於前鈔本武守中注有此下皆見壁記六字今攷南廳自林仲純始北廳自葉珏始其注皆無是六字不應此處獨有今刪以符上文之例至於敘中叉言今西廳廢久者蓋謂西廳之廨久廢元志公廨通判南廳在譙門外之西北廳在府治之西而西廳則在丹陽館之西注云以舊丹徒驛改創可見其廨之廢已久矣非謂西廳之官久廢自武守中以下從未嘗裁省不得以為宋志缺而元志補之也元志將佐門內計議主管機宜文字等官皆明言補嘉定志之缺若西廳壁記果係補宋志之缺不應反畧而不言

鈐轄○鈔本自此以下至壽函條皆在元志卷十五

案據敘中所言則鎮江府鈐轄本南宋時增置之官而宋通判以下序中亦曾言及鈐轄則宋志內必有

此官明矣今考壽囦以上諸人皆嘉定九年以前至
皆當移入宋志而李邦玉以下諸人皆嘉定十年以
後至仍歸於元志庶不相混至於宋通判以下敘中
以學職居鈐轄之前今必用元志之例移鈐轄於通
判之後者蓋鈐轄之官階多係武功大夫武翼大夫
不但尊於教授抑且重於簽判等官敘中特以教授
似專文事鈐轄似專武事故相提並論而以文事列
武事之先非謂鈐轄當在教授之後也
鄭民彝〇鈔本無此下一段
案張氏鑑云至順志卷十六云簽判一員舊有壁記

今不存嘉定志於壁記外得一人曰鄭民彝仁宗朝人太尉戩之子簽書鎮江軍節度判官公事見華陽集今本志不載亦佚脫也今考鄭民彝下但云仁宗時人而不加宋字其語氣不似元人當是咸淳志引嘉定志也故從張說補鄭民彝以下於此而元志舊有壁記以下則移入附錄之內既云嘉定志於壁記外得一人則宋志內有壁記明矣今考趙希邛以下皆在嘉定十年之後自當列於元志錢仲虒以上雖無年月要當在嘉定九年之前則當爲宋志壁記矣

學職○鈔本此下一段在下卷金壇縣令之後

案元志之學職在參佐之外而宋志之學職則在參

佐之內故宋通判以下敘中有教授職司訓導之語
然則學職一門不得列於宰貳之後矣必知當列於
司法參軍之後都倉兼糴納之前者以參軍以上皆
理民事其職視教授爲繁都倉以下皆係雜流其職
視教授爲賤故也元志參軍等官在參佐類倉庫等官在司屬類
盧憲從政郎嘉定六年間三月至〇鈔本從政郎以下在元志卷十七
案宋志既有憲名則元志必不復見顯係傳寫之訛
今於元志內删去盧憲二字而移其注於此鈔本下文有徐
倅德方符何澆邵夢龍婁體仁羅闓六人皆複見
於元志而到任年月又在盧憲後蓋誤衍也今删
詳見公廨類庫務〇鈔本公廨作官寺

案宋元志俱有公廨門而無官寺門元志内言詳見公廨門者數處未有言詳見官寺門者此處之織羅務又實在卷十二公廨門内庫亦在公廨門内故連言之今特改正

將佐○鈔本無此二字

案元志内參佐與將佐判然爲二此志下文云右都頭兵馬使以下是爲將佐鈔本在都頭翟行約條後今案以下二字所包者廣不但兵馬使在其中卽押衙大將亦在其中故移至大將陳祚條後則將佐亦另爲一門非與參佐合而爲一此二字之子目必不可不補矣

都頭○鈔本此下一段在下卷宰貳之末

案都頭乃將佐中最尊之官若不列於都知兵馬使之前而列於宰貳之後則與右都頭兵馬使以下之語不相應矣上文唐都頭以下五字鈔本脫去今據參佐門內唐別駕長史司馬以下之例補列於此下文宋都統制以下亦仿此例

都統制○鈔本此下一頁餘在元志卷十七

案都統制之官設於紹興十一年終南宋之世未嘗或廢故馮榯以上到任在嘉定九年以前者宋志之所載也劉琸以下到任在嘉定十年以後者元志之所續也今移其前半於宋志庶宋之將佐不致全缺都統制之下尚有計議等官然元志既言其爲嘉定志所無則不得移至此處矣

卷十七

宰貳○鈔本無此二字

案元志內宰貳與參佐分爲二門此志宋通判以下敘中亦但言參佐不言宰貳則此卷之首必當補此二字無疑

丹徒縣令丞佐附○鈔本此下二頁餘在元志卷十六

案鈔本宋志內本無丹徒縣令必移元志之前半爲宋志者其證蓋有四焉丹徒丹陽金壇三縣皆屬於鎮江府而丹徒獨爲附郭之邑令丹陽金壇之令丞簿尉皆載於此志之中而丹徒獨缺斷無外縣尙能

採訪而本城反遺之理且丹陽縣令終於吳符注云嘉定六年到金壇縣令終於王槪注云嘉定八年十二月到任皆與盧憲同時而丹徒縣令內之莫煥注云嘉定八年十一月十九日到亦與盧憲同時然則陸肅以下莫煥以上俱是宋志而非元志矣此一證也張氏鑑論元志宋太守條云所記宋太守通判皆踵嘉定志作已見彼志者不重出今按張氏之說最爲精確太守通判既不與宋志重複則縣令亦必不與宋志重複矣夫元志所載丹陽縣令始於朱天錫注云嘉定九年至不言何月今考盧憲之去任在是年七月則天錫之到任必在七月以後矣金壇縣令始於厲思明注云嘉定十二年至皆在盧

憲以後而丹徒縣令内之倪祖義注云嘉定十一年十二月三日至亦在盧憲以後然則倪祖義以下始爲元志而莫煥以上皆非元志矣此二證也元志之例惟姓名是大字其官階年月無不小字而丹徒縣令一段除壁記外其餘皆是大字實與元志之例不同而與宋志之例相合王宏道傳注云宰相世系表王紀傳注云見徐騎省集侯道濟傳注云見伊川先生集虞丹徒季丹徒温丹徒等傳皆引詩文爲證陸肅及徐擒傳後又有按語其例皆宋志宰貳門所有而元志宰貳門所無則非元志明矣此三證也下文丹陽金壇二縣

令下皆注云丞佐附此處丹徒縣令下亦然故唐項
斯爲丹徒尉卽列於唐丹徒令後宋陸安民爲丹徒
丞王深陳沂爲丹徒簿葉夢得爲丹徒尉卽列於宋
丹徒令之後皆宋志之例若是元志則丞佐等各爲
一門不得附於縣令後矣金壇縣令壁記前云令宰
政壁記自咸平段備始其姓名比二邑爲詳者云云
所謂二邑卽指丹徒丹陽而言據此則宋志本有丹
徒壁記無疑若壁記歸於元志則是語爲無著矣此
四證也有此四證則鈔本爲傳寫者之誤固顯然矣
王國爲丹徒令○鈔本無國字

案乾隆鎮江府志嘉慶丹徒縣志所載丹徒縣令宋王紀李紹陳知奇之後皆有王國與此志次第正同今據以補入

吾粲○鈔本吾作吳

案三國志吳人有吾粲而無吳粲傳寫者因吾爲罕有之姓遂改吾爲吳而上文顧雍上復脫去吳字文義遂不可通張氏鑑謂當作吳吾粲說亦可通然上文尙有顧雍則吳字當在顧雍之上不當在吾粲之上矣今皆改正顧雍傳云弱冠自合肥長轉曲阿有治迹鈔本脫冠字今亦據三國志補入

寓治○鈔本此下數頁在元志卷十七

察寓治門內主管文字及準備差遣等官或淳祐時始設在嘉定之後或其官雖設於嘉定之前而其人一無可考俱不便移入嘉定志惟總領所官自胡紡至宋均糧料院官自薛尚賢至趙崇謨幹辦公事官自張孝曾至喻興之其到任年月皆在嘉定九年以前自當移入此志寓治敘載洪适記文但言宰臣而不言宋以記之詞義核之當是宋人所載而非元人所載今亦移入此志主管公事敘云亦總領所屬幹辦公事敘云亦總領所屬官二亦字皆對糧料院敘隸總領所而言主管公事淳祐三年始置嘉定志中既不應載自當仍歸元志若糧料院敘移入宋志則主管公事敘中亦字爲無根矣糧料院敘既不可移則幹辦公事敘亦不可移明矣

卷十八

嘉定鎮江志卷十八○鈔本作卷十九

案此卷紀人物始於漢包咸終於五代吴淑皆宋以前之人鈔本反列宋人於此卷前張氏鑑云人物先本朝而後前代亦此志創例嚴氏元照云唐五代以前人反在十九卷皆編次之疏也今考卷二十釋道兩門以時代先後爲敘不應人物門獨變其例況刺守參佐等類皆先述前代後述宋朝尤不應人物門內編次獨有顛倒此必傳寫之誤也今特改正鈔本卷十七所紀者皆宋人今改爲卷十九鈔本卷十八所紀者亦宋人張氏鑑云此卷篇袠甚少似有佚脫今考

蘇師德以下半頁餘陳丞相以下數行皆當移入附錄則所存者惟湯模以下兩行向舍人以下數行合計不及半頁自不必另爲一卷茲移入十九卷之末以符鈔本之卷數蓋宋志增補一卷刪併一卷其數正相當也

遷鷹揚將軍〇鈔本鷹作英

案晉書劉牢之傳作鷹字今據以改正下文徐羨之條云除鷹揚將軍鈔本亦誤作英揚今據宋書本傳改正

晉太元中立國學〇鈔本元作原

案晉時無太原年號惟孝武帝年號乃係太元今據宋書臧燾傳改正下文臧質條下云元嘉元年鈔本

元誤作永今考宋時年號有元嘉而無永嘉今據宋書臧質傳改正

撫軍諮議○鈔本撫作揮又脱議字

案揮軍諮三字義不可通今據南齊書王延之傳改正下文加宣威將軍鈔本宣威作威武遷中書令鈔本令上衍舍字今亦據王延之傳改正

何詢東海郯人翼之子○鈔本作何翼之

案下文云官太尉中兵參軍考梁書何遜傳云東海郯人也曾祖承天宋御史中丞祖翼員外郎父詢太尉中兵參軍據此則何翼之官乃員外郎而官太尉

中兵參軍者則翼之子詢也況上文何承天傳後云翼承天子官員外郎是何翼前已有傳不應重出必傳寫之訛今改正

二年爲散騎常侍侍東宮○鈔本少一侍字

案少一侍字則語意不完下文云萬載孝克子鈔本載作藏今皆據陳書徐孝克傳改正

後爲越巂主簿○鈔本巂作嶲

案嶲字誤今據舊唐書庾抱傳改正

彥範缺○鈔本無此三字

案下文云元範彥範弟而元範之上空字甚多此必

本有彥範傳而傳寫者佚之也

希寂希周弟○鈔本希寂上有蔡字希周弟作曲阿人

案乾隆鎮江府志卷三十七儒林門蔡希周傳云曲阿人弟希寂兄弟並有時名考嘉定志人物門之例子弟附於父兄傳後者或云某人子或云某人弟而不另述姓氏里居則蔡字必衍文曲阿人必希周弟之誤也今改正劉粹子曠之附粹傳後鈔本曠之上衍劉字蕭惠基弟惠休附惠基傳後鈔本惠休上衍蕭字皆與前後文之例不合凡類此者今並刪去惟子弟另自爲傳不附於父兄傳後者則當各著其姓今亦仍其舊焉鈔本上文官監察御史上脫開元十二年舉進士登第十字下文登進士第下脫終渭南

縣尉五字戴氏守梧據乾隆鎮江志補入今從之以下缺○鈔本無此三字而有高郵州志以下數條

案鈔本下文數段皆注有增添及同上字樣斷非嘉定志之原文張氏鑑疑爲明志亦未必然張氏云高郵宋時兩改軍縣元爲府又爲散府領高郵縣明始爲州此引高郵州志則并非元時所增矣今按宋高宗建炎四年升高郵軍爲承州領高郵興化二縣是高郵在宋時亦嘗爲州不得因一州字遽斷爲明志也蓋核其語氣實係宋人之詞張知章條下載知章告身其末云或言唐時告身皆言人形狀然不知祖宗時尚爾也元志卷二十一考古類舊藏告身條所載與此全同惟改祖宗時爲宋慶歷間蓋知章乃宋仁宗時人此條乃宋人之言故云祖宗時也張氏亦知其語氣皆係宋時而又云此必增者從宋人說部錄入而遺其書名未免近於臆測此必咸淳志之文也今

刪去增添同上等字而增邵必缺三字於高郵州志條上張氏云高郵州志以上當有缺文必是邵必又云邵必傳不詳其官閥行事而引聞見錄之言族系者且云丹陽河南成都之邵其次第如此又似統論邵氏家世蓋丹陽之邵世濟其美京口耆舊傳所載頗詳此必類敘而佚脫殊甚止存末數語也今案元志卷十八科舉類邵必傳注引聞見錄與此畧同張氏疑此條本係類敘非也而謂高郵州志上當原有邵必缺三字則是今從之增邵彪缺三字於蘇庠嘗次彪韻上條張氏云蘇庠嘗次彪韻一條亦多脫佚此必邵彪傳之殘缺僅存者今從之並移入附錄之內惟北宋初年京口人物甚多而此志不載必有缺文故補以下缺三字於此以存其槩焉

卷十九

宋張大允○鈔本此行前有宋顧方以下數葉

案顧方以下諸人傳末或注增添或注同上張氏鑑云翟壽以下多注增添字而增添之陳輔傳末云詳見耆舊傳考耆舊傳所記之事迄於端平嘉熙此更在其後則亦咸淳志矣其說最確然又云人物自宋顧方始而注云同上蓋佚脫也周孚傳注云同上而上條不注所出亦佚脫也則其說仍覺未安蓋顧方周孚之前信有脫文然嘉定志紀五代以前人物無一注出處者不應紀宋之人物獨注所出然則所謂同上者必與上文同是增添者耳今於此卷及下卷

併入此卷者凡有增添及同上字樣皆定爲咸淳志移入附錄內有前數條不言同上而末一條言並同上者則前數條俱係增添可知當與不注增添同上而云詳見者舊傳者並移入附錄之內

卷二十

總目缺○鈔本無此三字

案元志人材門以方外爲子目釋與道爲小子目而宋志人物門則並無子目此卷以釋與道爲子目卷首自當另有總目疑是方外二字但其敘已缺未可臆補今姑列三字於此以存其槩焉

僧祖可○鈔本此條前有錢彥遠及元祐二年兩條

案錢彥遠條述曇穎事元祐二年條述了元事然二僧之名不列於各條之首與上下文諸僧之傳不同且了元前已有傳不應此處複見上文了元傳稱爲師而元祐二年條則稱爲元語氣各別斷非一傳而誤分也且考其體例玩其文義實與二十二卷拾遺門諸條相同今移置其末又鈔本此條後有蘇庠云鎮江妙惠大師一條鈔本無蘇庠云三字考下文云余行年七十又云師其許我哉所謂余字我字不知何指及閲元志卷十九釋類妙惠注乃知爲蘇庠之言今特補入以符語氣亦仿此例至於下文道類桓尊師條後有古今詩話一條宋妙明真人條後有曾慥百家詩選一條皆與前後諸傳體例不合而與卷二十一紀異

類諸條文義約同今移置紀異門之末俾得各從其

類

李含光○鈔本無此三字

案自天寶七載以下皆李含光傳與上文桓尊師傳無涉自應補此三字至於上文唐魏法師王遠知桓尊師三傳及此處李含光傳鈔本除標題之外其餘皆作小字張氏鑑云道類所載或正書或夾注多爲後人竄亂嚴氏元照云當改爲大字今從之或疑元志釋道等傳俱是小字疑此數條爲元志然考元志道類有魏隆及李含光傳與此處所載有詳畧此處魏法師傳及王遠知傳俱言貞觀九年鈔本貞作正桓尊師之桓鈔本作亘皆避宋朝之諱則爲宋志無疑旣是

宋志則當與上文晉道士王纂傳下文宋妙明真人吳元淨傳並作大字矣惟王遠知傳內太平廣記作太平觀八字乃置大受觀句之注仍當作小字耳

卷二十一

祥異○鈔本無此二字

案卷十六將佐門張子良李奉仙田少卿傳注云先是春三月彩虹入子良宅語見祥異考此卷虹類詳載彩虹入子良宅事是虹與天文等類皆係子目而祥異乃總目也鈔本虹類在龍鳳後鳥獸前然虹乃天象不應與動物並列今移至天文之後卷十五副使韋齊休傳注云詳見紀異考此卷紀異類引河東記詳述韋齊休事蓋紀異亦祥異之子

目也

餘見嘉賢廟記

案此志注中言互見他卷者頗多或正相符合卷一敘郡注云詳見郡縣表卷十四韓滉傳案語注云具敘郡章僎傳注云語見攻守形勢李德裕傳注云語見土貢錢鏐傳案語注云語見敘郡盧絳傳注云事迹具攻守形勢劉澄傳注云語見攻守形勢卷十五參軍李閎曹納傳注云一事見招隱山卷十七曲阿令邱仲孚傳注云詳見攻守形勢今檢之均屬不誤全書中似此者尚多緣已見他條故不重出後皆仿此或微有參差卷十六大將王棲耀李長榮柏良器傳注云詳見兵類考此條在卷十兵防內而他卷別無兵類今特改兵類爲防卷十七向舍人子華傳注云見冢墓類攷卷十一以陵墓爲小子目則子目當作陵墓不當作冢墓矣今從戴氏守梧說改冢爲陵或今已佚脫卷十六郡酒務陳某注云詳見酒課及陵墓今考陵墓門不載陳某

墓課程門不載酒課元志卷六雖曾引嘉定志酒課然亦不載陳某榷酤課羨事其脫處無從補矣然皆係本書之總目子目未嘗言及所載之文而此處言餘見嘉賢廟記者蓋以述延陵季子之事迹莫詳於記文也今考卷七之祠廟門內脫去嘉賢廟而元志卷十八神廟門內有之且詳載晉晉陵太守殷仲堪梁延陵縣令王僧恕唐武進縣主簿趙晉用上柱國高紹潤州刺史蕭定等記此條所言嘉賢廟記雖不知定指何篇要必在此數篇之內或疑諸記本宋志之文混入元志然考高紹記云訪貞石而湮滅蕭定記云保無欲之貞若是宋志則鈔本當避寫貞字

爲正今鈔本既皆作貞則爲元志無疑不得因宋志之缺而以元志補之也元志載嘉賢廟在丹陽縣此志卷七祠廟門内丹陽金壇兩縣全缺今但注丹陽縣缺金壇縣缺八字而不復言嘉賢廟缺者以闔縣之廟所缺甚多但舉此廟轉覺罣漏也他皆倣此若夫卷十四王孝暢注云本府漢荊王神祠記又云具荊王廟今考元志神廟門本府順佑王廟條下云卽漢荊王賈廟並詳載唐先天時重修二記記文内云前刺史東平畢構構字爲宋高宗諱今鈔本既不避寫則非宋志可知而此志祠廟門無之今亦仍其舊焉附錄咸淳志云案沓詳見石刻在講堂之西蓋刻案牘之文於石非此志另有石刻一門也

衣被拉颯棲○鈔本被作披

案晉書五行志作被今據以改正下文嚨喉喝復喝

鈔本少復喝二字亦據晉志補入

顖熱如火〇鈔本顖作顱

案集韻以顖爲囟之或體說文囟字下云頭會腦蓋也此志上文云引手按其項則十字裂如小兒與顖字正相聯屬若顱字則偏檢字書俱無其字必傳寫之訛也今改正卷十一陵墓門云後湖居士蘇庠墓在馬跡山金橋村大蕀附錄咸淳志翟者年傳云舋落老隱元志卷十九人材門隱逸類亦同偏檢字書均不載蕀舋落三字然無他書可據未便臆改今姑仍其舊焉

至於全書中有用假借之字者卷十學校門云舊牓曰半宮蓋泮水本取義於半半與泮古通用半宮即泮宮也卷十七寓治敘注云總領軍須蓋易象

傳云需須也二字可互訓軍須即軍需也有用隱僻之字者卷十六北廳通判壁記有秦鉌考廣韻七歌有鉌字注云鉌鑾亦作和卷十七金壇縣令壁記有朱宲考玉篇宀部有宲字注云補道切藏也此則似誤而實非誤斷不可輕易之也

郡志所述昉自三代○鈔本此下一段在卷二十二武事門敵圍海州條後案張氏鑑云卷三攻守形勢類載樊轂事云詳見雜錄是武事特雜錄門之一類也此條云爲雜錄一門當是雜錄總敘而文事武事等皆雜錄中之子目傳鈔錯雜脫落以致前後淆互今考此敘下文云仍別其類則雜錄本分類可知卷十六將佐門淩茂正王克容傳注云語見雜錄武事足徵張說之確嚴氏元

照亦謂此段當移於雜錄後今從之

子目缺 ○鈔本無此三字

案此卷之文事與下卷之武事恤刑鞫獄拾遺皆雜錄之子目此處自建炎戊申以下十數條亦係雜錄門內之文而脫去子目以元志參之似當有郡事二字說詳二十二卷恤刑條下然無明文可證今姑列三字於此

柳開知潤州 ○鈔本此條前有范文正公一條

案上文子目係文事故前後諸條所述皆係文事惟范文正公一條所述者乃蕘夫以麥舟贈石曼卿實與文事無涉而與拾遺類諸條詞意相同今移置其

末庶門類不致相混

卷二十二

恤刑○鈔本此行前有地理以下數葉

案志書之例已見前卷者後不重出今考此數頁內地理類鳩茲隸潤條與卷一敘郡敘同京口謂京條與卷三攻守形勢門同唐號金陵條與卷二西津渡條同開伊婁河條與卷六伊婁河條同人物類曲阿宏戎條與卷十三卞耽傳後案語同鄭女入宮條與下文拾遺類唐丹陽鄭氏女條同張氏鑑云丹陽鄭氏女已見上人物內此又重出蓋皆後人掇拾所爲非原書矣今按拾遺類此條實係宋志但將人物類移入元志則自不

重出郡事類置幽州牧條與卷三攻守形勢門同鎮京下督條與卷一敘郡門同事繫安危條與卷十三江夏王義恭傳同諧之舉才條與卷十三胡諧之傳同蕭績詰吏條與卷十三南康王績傳同延嗣不降條與卷十六劉延嗣傳同息元詭壽條與卷十四李德裕傳同韓皐罰俸條與卷十四韓皐傳同李翛鳩財條與卷十四李翛傳同仁義擲弓條與卷十四安仁義傳同注中引盧憲論曰一段與安仁義傳後案語正同張氏鑑云據此是此志爲憲撰無疑今案嘉定志之案語或言案或言憲案未有言盧憲論曰者此必至順志引嘉定志之文故特著其姓也茂章毀第條與卷十四王茂章傳後按語同乞米振

飢條與卷十七蘇攜傳同至於柳開誘盜彥遠憂旱德裕贖貨眞卿侮法曾肇言覿蘇軾論服安禮丐去德象求援爲軍發粟聽民車水等條亦與上卷文事類前一門所載全同文事類前脫去一子目而所載之事與郡事門同者凡十條疑彼乃宋志之郡事門也上卷旣有郡事則此卷不應又有郡事事矣即人物類杜秋歸鄉條郡事類裴寬自戒若山遇仙兩條其注皆已缺佚然考此卷拾遺類詳載杜秋歸鄉事卷十四韋銑傳詳載裴寬自戒事唐若山傳後案語詳載若山遇仙事此處亦不應再見綜而計之與宋志他卷重複者不啻十之六七然則非宋志明矣元志卷三風俗

門苞總形勝實爲名都注云宋文帝紀餘見雜錄郡事類今考郡事類不見於元志而見於此卷鈔本此卷作郡氏張氏鑑云郡氏當作郡事至順志卷三風俗門注云見雜錄郡郡事宋志當同此例也今按張氏雖未知此卷之郡事本係元志然謂郡氏爲郡事之訛其說最確今從其說改正就中地兼蕃重一條引宋文帝紀較元志風俗門爲詳是所謂餘見雜錄郡事類者必指地兼蕃重條可知且地理類修瓜洲城條紀宋寶祐四年事在嘉定以後郡事類柳開誘盜以下諸條與上卷所載相同而每條之首必加一宋字亦不似宋人語氣至陳策發廩條乃元天歷己巳事尤爲元志之確證張氏鑑云柳開以下稱宋又載天歷時事蓋元

人羼入也今案張氏但知柳開誘盜以下爲元志而不知茂章毀第以上亦元志也況宋志雜錄各門其文皆散行而無對偶其字皆大書而少小注至元志雜錄各門則四字爲句兩兩相對而夾注於下今此處數頁體例不合於宋志而合於元志就中郡事類李母弭變一條未有對句今檢元志雜錄門拾遺類有篪父絕患一條亦無對句而此二條實係字字相對則李母弭變條本係元志無疑李母弭變宋志卷十四李景讓傳已詳述之此卷不應複見蓋本在元志拾遺類誤移於郡事類復誤移於宋志耳此外諸條與宋志他卷重複者又皆元志所未載然則爲元志審矣今將李母弭變條移入元志卷二十一

拾遺類餘皆移入元志卷二十以還其舊焉

亦自不至揚子矣○鈔本此下有山川形勢一段

案山川形勢以下乃蔡寬夫詩話之語亦自不至揚子矣以上亦蔡寬夫詩話之語戴氏守梧因雜録門地理類大江漲沙一條鈔本在此卷今移入元志卷二十脱去夾注而山川形勢以下正述大江漲沙事謂當移爲彼處夾注今從之

附録

嘉定鎮江續志

案元志卷二子城注中言宋嘉定癸未郡守趙善湘

乃補築舊城甓以固之云云又言宋嘉定癸未郡守趙善湘始板築而甓之云云二條之末皆言見嘉定續編張氏鑑據此謂續志成於善湘時今考坊巷門條下云嘉定癸未守臣龍圖大卿趙善湘鼎新司户廳條下云嘉定癸未守臣龍圖大卿趙善湘增建皆足爲張説之證元志卷十五宋太守趙善湘注云嘉定十四年十二月至十七年召除大理少卿寶慶二年再任三年春改知建康府是善湘兩守鎮江後一任在寶慶閒首尾止二年前一任在嘉定閒首尾將四年也癸未爲嘉定十六年續志中屢言癸未其書

當成於癸未甲申之間正善湘在任時也其時纂修者雖無可考然據方逢辰咸淳志敍云逢辰答以圖志盡屬郡博士贊丞非所職也則前此修志者均用教授可知况乾道志爲教授熊克所修宋史藝文志有熊克鎮江志十卷嘉定志卷十六學職内有熊克乾隆志卷三十三名宦類熊克傳云乾道八年任鎮江府教授嘉定志爲教授盧憲所修則嘉定續志疑亦當時教授所修也元志卷十七教授何淲注云嘉定十五年七月至實與善湘同時癸未甲申二年正淲在任之日元志教授邵夢龍注云寶慶二年三月至蓋淲以是年去任而夢龍代之也據此則善湘去郡之時淲尚未去任矣然則監修者爲善湘而纂修者疑卽淲也惜

續志之原書久亡無明文可證今姑存此說以備考焉咸淳初年李士龍任教授至順初年韓禛徐圓任教授修志時皆不在秉筆之列與嘉定之例異矣

咸淳鎮江志

案乾隆鎮江府志載方逢辰咸淳志敘述修志之始末最爲詳備蓋逢辰以景定四年官西廳通判敘云景定癸亥之冬逢辰問成來潤考乾隆志卷二十四西廳通判門云方逢辰景定四年到任二書正相符合蓋景定四年正癸亥也至順志卷十五西廳通判門云方逢辰景定五年至蓋傳寫之訛今改正其時守郡者爲陳均敘云今吳門使者府卿陳公均開藩之初也考元志卷十五宋太守注云景定四年十月至是均與逢辰之到任皆在四年冬也命逢辰與黃國用共修府志敘云公曰郡有志子曷網羅而緝續之辭至再弗獲則俾與淮海書院山長永嘉黃君國用共

之考元志卷十七淮海書院山長內無黃國用乾隆志卷二十六濂溪書院山長之末有黃國用云永嘉人景定中任卽此敘所述之人也而咨訪於艾慶遠黃開敘云求鄉士之齒宿而聞見博者前鄱陽縣丞艾君慶遠府學正黃君開皆逾八袠則又從而延致之考元志卷十八科舉類云艾謙丹徒人慶洪慶遠並謙子兄弟皆三與鄉舉俱就南廊而不言慶遠曾任鄱陽縣丞則此敘可補志之缺矣嘉定志學職門不分教授學正教諭之名壁記內無黃開而有黃誾乾隆志師儒門以學正教諭附於教授之內其中亦無黃開而有黃誾元學正胡龍孫後云黃開郡人致至順志元學正終於胡龍孫則黃開乃元人非宋人矣疑此敘開字乃誾字之誤然無明文可證姑存此以備一說云耳創始於五年之春至夏四月既草創而均去任敘云始甲子春至夏四月亦既草創而公自潤易蘇考元志宋太守陳均注云五年四月改知平江府平江府卽蘇州甲子卽景定五年也繼之者爲趙汝楳書脫藁而汝楳又去任敘云

以是屬兼府鑣事趙卿汝楳藁脫矣是秋逢辰護試而山長黃君以校文出趙公且歸東高閣者一年考元志宋太守趙汝楳注云中大夫總餉景定五年四月兼權八月去正當秋試校文之時故不及問志書之事也

繼之者爲陳夢斗未及刋刻而又去任敘云都丞陳公夢斗來適時多事有所未暇考元志宋太守陳夢斗注云朝議大夫淳祐十二年二月至九月去景定五年十月再以中大夫右文殿修撰至咸淳元年六月召除樞密都承旨是夢斗兩次守潤初任在修志前再任在修志後也

趙與可履任始爲付梓敘云今王人趙公與可兼郡組而府庾卿兼庾節亦樂聞之於是命工鋟梓戴氏守梧云庾節郎總餉之官元志卷十七總領所趙與可注云景定五年十二月至曹元發注云咸淳三年正月至是咸淳元年與可雖攝郡事而總餉之官仍自兼領未嘗使他人攝之也疑府卿二字當在趙公之上兼郡組當作攝郡組蓋府卿乃與可守郡時之銜故云今王人府卿趙公與可以總領所權府事故云攝郡組而兼庾節也今案戴說不爲無見但無他本可證耳

是此志雖刋於咸淳元年而實修於景定五年元志趙與可注云咸淳元年六月兼權府事孟之縉注云咸淳元年十二月至是趙與可之權郡僅及半年此志之刋成當即在此半年之中上距修志之初將及二年矣督刋者雖爲趙與可而監修者實爲陳均趙汝楳陳夢斗也敘云更四政而後就何其甚難也蓋陳均趙汝楳陳夢斗趙與可四人先後任郡守皆於此志有關涉也據至順志知逢辰爲朝散郎據乾隆志知逢辰爲淳安人據成化志敘知逢辰號蛟峰據此志之敘知志既刻成逢辰即去任敘云逢辰受代且有日至於其後更爲何官則不可考矣

永樂鎮江府志

纂修永樂志者爲丹徒丁禮見於丁元吉成化志

敘而末言監修爲何人考乾隆鎮江志卷三十四名宦類云羅觀字彥賓江西南昌人初爲丹徒令治稱最永樂初擢守本郡聲績益著居郡甚久郡志散佚纂輯梓行嘉慶丹徒縣志卷十七名宦類羅觀傳與此正同據此則監修永樂志者乃羅觀也宋志引永樂志數條其中屢言永樂三年考乾隆鎮江府志卷二十三明鎮江府知府羅觀之下云見名宦鄭桓條下云永樂五年由兵部主事任是羅觀守郡在永樂四年以前府志成於永樂三年正羅觀在任之日也觀之政績既爲一時循吏乾隆鎮江志羅觀傳云威惠孚洽遠邇悅服時學宮及城隍祠頹圮悉加完輯嘉慶丹徒志羅觀傳

同而禮之學業亦稱當世名儒乾隆鎮江志儒林丁禮傳云耽吟咏工書札永樂中入覲獻周禮補註所著有郡志三餘集蘭室吟稾嘉慶丹徒志儒林丁禮傳所載約同所修之書必有可觀今原本久亡僅存羼入宋元二志者數條而全書無由見矣至於丁元吉爲禮之從子頗有學行乾隆鎮江志儒林傳云丁元吉字无咎博學尤深於易學者稱爲易洞先生嘉慶丹徒志云丁元吉爲詩古文才思宏遠而律度嚴正修郡志筆削有法其修鎮江志在成化末監修者爲知府熊佑元吉敘云郡守博興熊公艮佐政平訟理之暇文獻是徵而屬元吉以草創乾隆志名宦傳云熊佑山東博興人己丑進士成化十六年守鎮江累官湖廣四川布政使亦有賢聲乾隆志名宦傳載佑蠲稅平糴修湖堰興學校等事甚詳又得名儒俞桂以爲之助乾隆鎮江志云俞桂字時芳丹徒人力學好古潛心於易與丁元吉

相友善嘗與元吉居壽邱山同修郡志嘉慶丹徒志畧同故其發凡起例最爲精密元吉敘云取舊本証以史志圖經傳紀文集諸書旁摭斷碑殘碣詢於父老爲重定其凡例提其綱要繁者芟之闕者補之訛者正之增其新事參以異聞仍嚴其去取惜其書亦不傳耳

嘉定鎮江志校勘記下終

直齋書錄解題載鎮江志三十卷教授天台盧憲子章撰原書久亡後人由永樂大典錄出者止二十二卷嘉慶閒阮文達以所得鈔本送存焦山書藏至道光辛丑吾邑包景維艮丞請於文達爲之刊行然傳布無多經咸豐之亂墨印益稀板片蓋久失矣余篤嗜宋元兩志多方從人通假舟車所至必攜以自隨光緒丙午編書焦山松寥閣觀書藏鈔本欲爲雕播適吾邑賈人朱小樓魁光住水晶庵因與述文達書楹帖獎包商事梁章鉅楹聯續話卷三佳話類鎮江有某鹺商欲求阮芸台師書楹聯師未許也而某商愈欲得之師令人語之曰我有兩部舊書應歸鎮江人刊行如肯成此美事必書楹帖以報之某商首肯師卽日以七字聯句獎之云古籍待

刊三十載舊聞新見一千年跋云嘉慶間余得宋嘉定元至順鎮江府志兩部皆四庫未收之書曾經進呈得蒙恩鑒因以底本貯之焦山書藏三十餘年無過而問者歲辛丑丹徒包怡莊學兄請付棗黎鎮江之書歸鎮江人珍護甚善不意歸田老眼尚見此書之成乃知書之行世及刊書之人遲早皆有福命焉因喜而記之節性齋老人阮元撰並書時年七十有八

小樓有歆於中願任剞劂其後榮心莊 恂 劉襄蓀 燕翼 兩觀察及吾郡金壇馮夢華 煦 中丞皆有所助遂依包本開雕於金陵至宣統庚戌而畢功逾年國變倉皇歸省久之始至甯歛板以歸卒能保持無失亦吾邑文獻之幸也顧包氏刻此志時阮文達命劉孟瞻 文淇 暨其子伯山 毓崧 爲作校勘記頗有宋志鈔本所無從元志移入之處今加以覆審多未精碻

郎如宋志原無金山事實此或傳鈔時所得本適有缺葉之故只可聽其闕如劉氏乃從元志卷七內移入三葉有餘謂元志於此云高宗皇帝幸建康孝宗以元子扈從云陳侍郎贊聖製詩皆係宋人口氣元人斷不應作此言不知此等云云之上敘政和立神霄宮事明有鎮江府以金山龍游寺改建毛友領府事有記其略曰之文則此等云云自是毛友記中之語元志既載宋人之文安得以係宋人口氣疑之故文中高宗皇帝鈔本郎連下不空其爲元志甚明乃劉氏改爲提行必欲申其說以元志卷九龍游寺下只載孝宗詩前二句謂彼

乃元志故刪之此則宋志故不刪今按龍游寺下但取明寺地之勝處故引崒然天立鎮中流雄跨東南二百州二句足矣此志上文先言孝宗賦二十八字若只載前二句則二十八字不全且此記文之末句已包不戰而屈人兵之意矣既歸諸此意作結則狂敵每臨須破膽何勞平地戰貔貅二句何能不載此以文勢論之固不得不爾不關於宋志與元志也至宋志鈔本有確係元志之文而此刻未盡移出者如卷二十一雜錄門下原無敘文標題後即載郡事文事二類之事卷二十二又載武事類事始接以郡志所述昉自三代云云烏程

張秋水鑑以其文有雜録一門之語謂是雜録之總敘

劉氏遂移於前雜録題名之下今按武事以上爲嘉定志雜録原文自郡志所遞起爲至順志雜録之敘文故其文有云今復總校前志旁採他書而爲雜録一門前志者指嘉定志言之下又云仍别其彙以備參考即指下地理人物雜記姓氏郡事諸類而言諸類各事多與宋志他卷重複即敘所謂總校前志者也其文四字爲句兩兩相對夾注於下與前文之散行大書體例迥别劉氏知移此數類入元志而不知此敘即元志雜録門之敘亦智者之一失也此但論其兩端而已乖違若此

其他以意移屬與增損者尚不可勝論也余既并劉校鋟於木久之始取焦山鈔本反復讎勘稽譔其異同丙辰夏閒卒業於西津江樓居憂以來復爲理董成嘉定志校勘記一卷知包氏刻本未云盡善意欲審正舊鈔別寫定本更付剞氏使海內識嘉定志眞面得與好此學者共讀之尤足快已以無從容考訂之暇有志未逮姑發其大凡於此云歲在著雍敦牂夏六月十四日已巳丹徒陳慶年跋於傳經堂

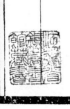

宋米元章
海嶽名言
一卷

甲寅仲夏
橫山草堂

海岳名言一卷

宋米芾撰皆其平日論書之語於古人多所譏貶如謂歐柳爲醜怪惡札之祖徐浩肥俗更無氣骨薛稷大字用筆如蒸餅顏魯公眞字便入俗品皆深致不滿其所記對徽宗之語於蔡襄沈遼黄庭堅蘇軾蔡京蔡卞尤極意詆訶史稱芾翰墨得王獻之筆意而書中於子敬書顧不置議論但云吾書取諸長處總而成之人見之不知以何爲祖殆亦不免放言矜肆之習然其心得既深所言運筆布格之法實能脫落蹊徑獨湊單微爲書家之圭臬信臨池者所宜探索也其書原載入左圭百川學海中篇頁太少今以類相從附諸書畫史寶章待

訪録之末都爲一帙焉

海岳名言

襄陽米芾

歷觀前賢論書徵引迂遠比況奇巧如龍跳天門虎卧鳳闕是何等語或遺辭求工去法逾遠無益學者故吾所論要在入人不爲溢辭

吾書小字行書有如大字唯家藏真蹟跋尾間或有之不以與求書者心既貯之隨意落筆皆得自然備其古雅壯歲未能立家人謂吾書爲集古字蓋取諸長處總而成之既老始自成家人見之不知以何爲祖也

江南吳峴登州王子韶大隸題榜有古意吾兒友仁大隸題榜與之等又幼兒尹知代吾名書碑及手大字更無辨門下許侍郎尤愛其小楷云每示簡可使令嗣書謂尹知也

老杜作薛稷慧普寺詩云鬱鬱三大字蛟龍岌相纏今有石本得視之乃是勾勒倒收筆鋒筆筆如蒸餅普字如人握兩拳伸臂而立醜怪難狀由是論之古無眞大字明矣

葛洪天台之觀飛白爲大字之冠古今第一歐陽詢道林之寺寒儉無精神柳公權國清寺大小不相稱費盡筋骨裴休率意寫牌乃有眞趣不陷醜怪眞字甚易唯有體勢難謂不如畫笇勻其勢活也

字之八面唯尚眞楷見之大小各自有分智永有八面已少鍾法丁道護歐虞筆始勻古法亡矣柳公權師歐不及遠甚而爲醜怪惡札之祖自柳世始有俗書

唐官告在世爲褚陸徐嶠之體殊有不俗者開元已來緣明皇字體肥俗始有徐浩以合時君所好經生字亦自此肥開

元已前古氣無復有矣

唐人以徐浩比僧虔甚失當浩大小一倫猶吏楷也僧虔蕭子雲傳鍾法與子敬無異大小各有分不一倫徐浩爲顏眞卿辟客書韻自張顛血脈來教顏大字促令小小字展令大非古也

石刻不可學但自書使人刻之已非己書也故必須眞跡觀之乃得趣如顏眞卿每使家僮刻字故會主人意修改波撆致大失眞唯吉州廬山題名題訖而去後人刻之故皆得其眞無做作之差乃知顏出於褚也又眞蹟皆無蠶頭鷰尾之筆與郭知運爭坐位帖有篆籀氣顏傑思也柳與歐爲醜怪惡札祖其弟公綽乃不俗與兄筋骨之說出於柳世人但以怒張爲筋骨不知不怒張自有筋骨焉

凡大字要如小字小字要如大字褚遂良小字如大字其後經生祖述間有造妙者大字如小字未之見也

世人多寫大字時用力捉筆字愈無筋骨神氣作圓筆頭如蒸餅大可鄙笑要須如小字鋒勢備全都無刻意做作乃佳自古及今余不敏實得之榜字固已滿世自有識者知之

石曼卿作佛號都無回互轉摺之勢小字展令大大字促令小是顛教顏真卿謬論蓋字自有大小相稱且如寫太一之殿作四窠分豈可將一字肥滿一窠以對殿字乎蓋自有相稱大小不展促也余嘗書天慶之觀天之字皆四筆慶觀字多畫在下各隨其相稱寫之挂起氣勢自帶過皆如大小一般雖真有飛動之勢也

書至隸興大篆古法大壞矣篆籀各隨字形大小故如百物

之狀活動圓備各各自足隸乃始有展促之勢而三代法亡矣

歐虞褚柳顏皆一筆書也安排費工豈能垂世李邕脫子敬體乏纖濃徐浩晚年力過更無氣骨皆不如作郎官時婺州碑也董孝子不空皆晚年惡札全無妍媚此自有識者知之沈傳師變格自有超世眞趣徐不及也御史蕭誠書太原題名唐人無出其右爲司馬係南岳眞君觀碑極有鍾王趣餘皆不及矣

智永臨集千文秀潤圓勁八面具備有眞蹟自顛沛字起在唐林夫處他人所收不及也

字要骨格肉須裹筋筋須藏肉帖乃秀潤生布置穩不俗險不怪老不枯潤不肥變態貴形不貴苦苦生怒怒生怪貴形

不貴作作入畫畫入俗皆字病也

少成若天性習慣若自然茲古語也吾夢古衣冠人授以摺紙書書法自此差進寫與他人都不曉蔡元長見而驚曰法何太遽異耶此公亦具眼人章子厚以眞自名獨稱吾行草欲吾書如排筭子然眞字須有體勢乃佳爾

顏魯公行字可教眞便入俗品

友仁等古人書不知此學吾書多小兒作草書大段有意思智永硯成臼乃能到右軍若穿透始到鍾索也可永勉之

一日不書便覺思澀想古人未嘗片時廢書也因思蘇之才恂公至洛帖字明意殊有工爲天下法書第一

半山莊臺上多文公書今不知存否文公與楊凝式書人𠞰知之余語其故公大賞其見鑒

金陵幙山樓隸榜乃關蔚宗二十一年前書想六朝宮殿榜皆如是

薛稷書慧普寺老杜以爲蛟龍岌相纏今見其本乃如奈重皃握蒸餅勢信老杜不能書也

學書須得趣他好俱忘乃入妙别爲一好縈之便不工也

海岳以書學博士召對上問本朝以書名世者凡數人海岳各以其人對曰蔡京不得筆蔡卞得筆而乏逸韻蔡襄勒字沈遼排字黄庭堅描字蘇軾畫字上復問卿書如何對曰臣書刷字

海岳名言

海岳名言跋

右海岳名言一卷宋米芾撰書中有吾書既老始自成家之語是此爲元章晚年之作雖於古人深致不滿要皆確有心得趙與峕賓退錄載芾續書評謂此所詆諸家語可資參考者是也蓋海岳論書最重趣字故此書言有眞趣言有超世眞趣言有鍾王趣言學書貴得趣其於趣字皆有味乎言之其以歐虞褚柳顔皆一筆書謂爲安排費工者豈以其於趣字意味有所不足歟至以隸興大篆古法大壞謂篆籀各隨字形大小如百物之狀（如字學海本作知此從書法鉤玄本）活動圓備各各自足隸乃始有展促之勢而三代法亡矣其論尤爲洞見字學本源誠哉其爲名言也岳倦翁贊南宮書謂六書之統芾之死不得其傳者蓋於此書彷彿遇之吾亟謀雕播冀幸海內

書家能爲海岳作義疏耳此書原在百川學海辛集中別無單刻本余所見學海爲明弘治十五年無錫華汝德珵本謂是重雕宋本以桓公作恆公證之係爲避宋欽宗諱其出於宋刻固甚明也惟是書疑後人得元章眞蹟雜錄存之故於薛稷書慧普寺譬之蒸餅前後兩見不避重複又論字大小相稱一條末云雖眞有飛動之勢也雖字文義難解蓋由錄者誤釋致然書法鉤玄引遂刊落雖字珊瑚網書皆二十三佩文齋書畫譜六皆同又一日不書一條云一日不書便覺思澀想古人未嘗片時廢書也因思蘇之才桓公至洛帖字明意殊有工爲天下法書第一此條末句未能結束文義似未完或因所得原墨適有所闕使然元章書史謂羲之桓公破羌帖在蘇之純家考破羌帖有桓公以至洛語故亦名至洛帖帖在蘇之純家則之才之純必有一誤矣此皆出於眞蹟之證非元章有意撰此書也弘治學

海本亦未爲盡善余復以蘇霖書法鈎玄所載校之如吾兒尹仁之作友仁恂公至洛帖作桓公至洛帖每小簡之作每示簡畫竿勻筆始勻兩勻字之作勻脩改披擎之作波擎無做作凡差作無做作之差皆較華本爲勝故一一據改若文可互通者則皆從華刻云如虎臥鳳閣閣作闕習慣若自然若作如可永勉之永作不其文皆可並存又如爲司馬係南岳眞君觀碑係作隸義難强知此並未敢輒改也

蘇霖字子啟鎮江人生於前至正二十八年辛卯以霖丁酉跋仇山村贈盛元仁詩卷稱余年六十七推之詳山村遺集附錄從仇山村湯北村游至後至正亂離時自號京口清虛道人其跋山村詩卷謂一念不留與道長往其樂斯無窮焉可以見其志矣其纂書法鈎玄四卷在元統甲戌錢大昕補元史藝文志載之余因校海岳此書得之王世貞所輯書苑中見其載海岳名言幾盡卷三米元章論書載十二條卷四米元章又評書而言載十二

條其未載者只智永臨集千文與薛稷書慧普寺二條耳有裨讎校以嘉慶丹徒志未列其書吾邑人士鮮有知者附著於此云戊午季夏月二十七日壬午丹徒陳慶年跋於見山樓

宋許開二王帖評釋三卷

甲寅孟春
橫山艸堂

二王帖乃南宋丹陽許開所刻世不多見所傳皆吳江重刻本也前有右軍大令像取諸法帖中二王書鉤摹上石而逐帖釋文於後此爲康熙年星溪俞艮貴臨而鐫諸木者漫漶尚可惜其無神明也攜行篋中爲書扇之用究有優孟衣冠耳道光戊戌七月二十二日與楊少靑二兄薄遊雙門底至汲古堂翻閱故籍得之糜白金五分復至城隍神祠買武彝巖茶過何芸生兄談傍晚歸姚衡記

二王帖目錄評釋

右軍大令像 龍舒石刻

米禮部云右軍筆陣圖前有自寫眞今雖不復見觀此亦足以想其彷彿東里周子中云心慕二公之人品則瞻之在前手追二公之墨妙則忽焉在後故併取而刻之以爲卷引

二王帖評釋目錄

卷上　右軍書

時事帖 淳化　雪候帖 淳化
弘遠帖 淳化　知念帖 淳化
言敘帖 賜書堂帖　若耶帖 淳化
狼毒帖 淳化　西問帖 淳化
又一帖 淳化　自愛帖 淳化
噉豆帖 淳化　安西帖 淳化
共計五十六帖內集淳化閣四十一帖薛氏三帖長沙四帖絳帖二帖豫章二帖淳熙一帖賜書堂一帖寶晉齋一帖
又臨法帖眞蹟二帖原本碎石書文山川諸奇帖譙周帖
又臨淳化閣五帖
卷中　右軍書
知問帖 淳化　闊別帖 淳化

胡桃帖 淳化
龍保帖 新安
黄甘帖 淳化
六日帖 新安
胡母從妹帖 新安
鯉魚帖 淳化
五日帖 淳熙
石牌帖 彛帖
司州帖 淳化
愛鵞帖 賜書堂
靳茶帖 賜書堂 又鸜鵒鷹嘴二帖
豉酒帖 賜書堂
虞義興帖 賜書堂
嘗新帖 賜書堂
麥秋帖 續帖
筆精帖 蘭亭
袁生帖 淳化
還鎮帖 續帖
來居帖 新安
得見帖 續帖
七日帖 淳化
敬和帖 絳帖
隔日不面帖 絳帖
近日帖 絳

散懷帖　淳化　　玄度帖　淳化
慶至帖　淳化　　散騎帖　淳化
散情帖　淳化　　平安帖　淳化
諸舍帖　淳化　　違遠帖　淳化
廿九帖　淳化　　阮新婦帖　淳化
又一帖　淳化　　珍重帖　淳化
服黄耆帖　淳化　　冠軍帖　淳化
服油帖　淳化　　復面帖　淳化
領軍帖　淳化　　尊體何如帖　淳化
使君帖　淳化　　數奴帖　淳化
日寒帖　蘭亭　　轉勝帖　淳化
范新婦帖　絳　　云何帖　淳化

二王帖評釋目錄終

二王帖評釋卷上

宋南徐許開

破羌帖寶晉齋舊帖

知虞帥書帥書黄伯思以爲帥云當是摹搨之誤桓公以至洛即摧破羌賊賊重命想必禽之王略始及舊都使人悲慨深此公威略實著自當求之於古真可以戰使人歎息知仁祖小差此慰可言適范生書加其語無異故須後問爲定令以書示君

米贊云昭回於天垂英光跨頡歷籀化大荒煙華淡濃動彷徉一噫萬古稱天章鸞夸虬引鵠序行數字皆有此形勢洞天九九通寥陽八十一字茫茫十二小劫長自晉至今十二代璽完神訶命芾藏寶晉齋帖題云晉右軍將軍會稽内史

金紫光祿大夫王羲之字逸少書王略帖天下法書第一又云筆法入神奇絕與稚恭帖同是神物有開元印懷充跋故以冠諸帖首

成都城池帖　長沙帖

往在都見諸葛顒一作顯曾具問蜀中事云成都城池門屋樓觀皆是秦時司馬錯所修令人遠想慨然

新安十七帖中末有一行文不相屬不復刻又一本無令人遠想慨然六小字

帖語云爲爾不信一一示爲欲廣異聞按法書要錄原載有此一行二王帖語其不屬者甚多不必論也

此郡帖　淳化閣帖

此郡之弊不謂頓至於此諸逋滯非復一條獨坐不知

何以爲治自非有關筆常才所濟吾無故舍逸而就左缺上
轉勞歎恨無所復及耳夏人事請託亦所未免小都冀
得小差須日當何理
米云蘇耆書畫記述云此帖乃內史與王述書云云舊
刻在江南十八家帖中本朝以碑本刻入八卷較之不
差毫髮

淸晏帖 淳化

知彼淸晏歲豐又所使有無一鄉故是名處且山川形
勢乃爾何可以不遊目

山川諸奇帖 淳化 一名蜀都

省足下別疏具彼土山川諸奇揚雄蜀都左太沖三都
殊爲不備悉彼故爲多奇益令其遊目意足也可得果

當告卿求迎少人足耳至時示意遲此期眞以日爲歲想足下鎮彼土未有動理耳要欲及卿在彼登汶領峨眉而旋實不朽之盛事但言此心以馳於彼矣

講堂帖 長沙

知有漢時講堂在是漢何帝時立此知畫三皇五帝以來備有畫又精妙甚可觀也彼有能畫者不欲因摹取當可得不信具告

都邑帖 淳化

旦夕都邑動靜清和想足下使還具時州將桓公告慰情企足下數使命也謝無奕外任數書問無他仁祖日往言尋悲酸如何可言

九日帖 淳化

得都下九日書見桓公當陽去月九日書久當至洛但運遲可憂耳蔡公遂委篤又加㿈下日數十行深可憂慮得仁祖廿六日問疾更委篤深可憂當令人物眇然而艱疾若此令人短氣

黃太史云蔡公遂委篤又加㿈下日數十行觀此語初和父所論疾證似是也當令人物眇然而艱疾若此令人短氣讀此語便復意塞

蔡公者蔡謨也或云謝安子琰以勳封蔡公按史琰封望蔡公非蔡公也且仁祖是伯行仁祖以字而琰以爵當無此理謨正與仁祖同時時人稱爲蔡公過浮航脫帶腰舟長故此亦或稱蔡公也

七十帖 淳化

足下今年政七十耶知體氣常佳此大慶也想復懃加頤養吾年垂耳順推之人理得爾以爲厚幸但恐前路轉欲逼耳以爾要欲一遊汶領非復常言足下但當保護以俟此期勿謂虛言得果此緣一段奇事也

兒女帖 淳化

吾有七兒一女皆同生婚娶以畢唯一小者尙未婚耳過此一婚便得至彼今內外孫有十六人足慰目前足下情至委曲故具示

婚娶以畢劉侍御釋作比陳簡齋辨誤改作以畢右軍父子通用以字爲已字

諸從帖 淳化

諸從並數有問麤平安唯修載在遠音問不數懸情司

州疾篤不果西公私可恨足下所云皆盡事勢吾無間然諸問想足下別具不復一一 司州王胡之也

宰相安和帖 淳化

宰相安和殷生無恙時面兄當宣兄懷

昨見君歡帖 淳化

昨見君歡復 一作後 無喻然未善悉想宿昔可耳脅中云何一善消息值周轉勝也耿耿疾患小差與弘遠俱詣遲共寫懷王羲之

黃釋末二行云疾患小差與弘遠俱臨遲共寫懷臨字劉釋作詣當是

譙周帖 淳化

云譙周有孫高尙不出今爲所在其人有以副此志不

令人依依足下具示嚴君平司馬相如揚子雲皆有後不

此帖闕爲所在已下十字泉本淳化亦缺此行今以十七帖補之

餞行帖 淳化

令遣鄉里人往口具（一作言）也行成旅以從是月也景風司至星火殷宵伯趙（鵙也）鳴而載陰（載文粹作戒）爽鳩（鷹也）習（一作集）而揚武時可以出宿餞有詔具寮爰開祖

黃云伯趙鳴而戒陰爽鳩集而揚武與代申帖儻因行李願存故舊皆非右軍語書札相去亦遠甚又云自成旅以從至開祖字當是虞永興少年時書代申帖爲智永書無疑此帖書法絕類右軍但差嫵媚耳殷宵陳辨

作列胥非又帖語中第二行已後唐人餞行序已有之山谷之疑意其以此然亦豈千文類耶

右帖語是賈曾送張說赴朔方序集右軍書爲之耳唐人嘗集王書而王著刻入閣帖不必多辨殷胥以爲列胥者以長沙帖闕波避宋諱也

蔡家賓至帖 淳化

想大小悉佳蔡家賓至君情感益深惟當撥遣之耳

極寒帖 淳化

旦極寒得示承夫人復小欬不善得眠助反側想小爾復進何藥念足下猶悚息卿可不吾昨暮復大吐小嗽物便爾旦來可耳知足下念王羲之頓首

玉潤帖 淳熙續帖

官奴小女玉潤病來十餘日了不令民知昨來忽發癎

至今轉篤又苦頭癰頭癰以潰尙不足憂瘤病少有差者憂之燋心良不可言頃者艱疾未之有良由民爲家長不能剋己懃修訓化上下多犯科誡以至於此民惟歸誠待罪而已此非復常言常辭想宣奴辭以具不復多白上負道德下愧先生夫復何言

米云是唐人冷金紙上雙鉤摹云云連在稚恭帖後字大小一如蘭亭想其眞蹟之妙此帖與賜書堂刻無毫髮差當是世無他本又黃云右軍爲獻之女玉潤請罪稱民謝太傅所稱道民安豈事五斗米道耶

積雪凝寒帖 長沙

計與足下別廿六年於今雖時書問不解闊懷省足下先後二書但增慨歎頃積雪凝寒五十年中所無想頃

如常冀來夏秋閒或復得足下問耳比者悠悠如何可
言

來禽帖　長沙

來禽靑李櫻桃日給藤子皆囊盛爲佳函封多不生
足下所疏云此果佳可爲致當種之此種彼胡桃皆生
也吾篤喜種果今在田里惟以此爲事故遠及足下致
此子者大惠也

帖首有彼所須此藥草可示當致十字他本或無恐屬
　帖不復刻中少足下所疏云此果佳可爲致十一字
用新安十七帖足之
　按法書要錄彼所須藥草等十字原在此帖之後別
　　作一帖並不相屬

毒熱帖　淳化

晚復毒熱想足下所苦並以佳猶耿耿吾至頓劣冀意散力知問王羲之頓首

秋月帖　淳化

七月一日羲之白忽然秋月但有感歎信反得去月七日書知足下故羸疾而觸暑遠涉憂卿不可言吾故羸乏力不具王羲之白

黄云而觸暑遠涉而字失一點劉釋作問非

霜寒帖　絳帖

羲之言霜寒伏願聖體與時御宜不勝馳情謹附承動靜臣羲之言

遷轉帖　河東薛氏

賢姊體中勝常想不憂也白屋之人復得遷轉極佳未
委幾人吾齲痛所作讚又恐不任當示殷也

廿八帖 絳

廿八日羲之白得昨告承飲動懸情想小爾耳還白不
具王羲之再拜

何如帖 豫章帖

羲之白不審審尊體比復何如遲復奉告羲之中冷無
賴尋復白羲之白

轉差帖 豫章

重告慰情吾腹中小佳體痺乏氣便轉差深以爲慰慰
足下意也王羲之頓首

嗽麵帖 渟化

鄉里人樂著縣戶今送其名可爲領受君頃就轉佳不
僕自秋便不佳今故不善差頃還少噉脯又時噉麵亦
不以爲佳亦自勞弊散係轉久此亦難以求泰不去人
閒而欲求分外此或速弊皆如君言
陳云樂著縣戶劉誤釋戶作名後言今送其名乃是名
字

大熱帖淳化

云足下倘停數日牛百餘里瞻望不得一見卿此何可
言足下疾苦晴便大熱北恒中至不易可得過夏不甚
憂卿還具示問
黃釋晴便大熱小舩中至不易可得過夏十四字劉闕
小字不釋舩字釋作恒非

半百餘里里字上筆稍短釋作生字者非北㑺小舩

俱未嘗未見閣帖眞本不敢臆斷

薦虞安吉帖 長沙

虞安吉者昔與共事常念之今爲殿中將軍前過云與足下中表不以年老甚欲與足下爲下寮意其資可得小郡足下可思致之耶所念故遠及

屏風帖 淳化

汝不可言未知集聚日但有慨歎各愼護前與嫂試求屏風遂不得答爲也

黃釋試求屏風遂不得七字前比奉對對兄以釋豈一

九字文不相屬不復刻

宅圖帖 淳化

近令送此宅圖云可得卅畝爾者爲佳可與水近其行視佳者決便當取問其賈

此帖舊與謝生東旋二帖合爲一謝生帖復重出足證其誤今析而三之陳云佳者劉誤釋作佳告

東旋帖　淳化

不審比出日集聚不一爾緬然恐東旋未期諸情悒

淸和帖　淳化

伏想淸和士人皆佳適桓公十月末書爲慰云所在荒甚可憂殷生數問北事勢復云何想安西以至能數面不或云頓歷陽爾耶無緣問爲歎遲知問運民不可得而要當得甚慮叛散

陳云劉釋運代恐是運民其下文勢可見

安西庾翼也運民當別作一帖慮叛字皆有筆誤

平康帖 淳化

夫人遂善平康也足下各可不冀行復面王羲之頓首

參朝帖 淳化

吾恠足下參朝少晚不審有何事情致使如然也王羲之再拜

明府帖 淳化

前從洛至此未及就彼參承願夫子勿悒悒矣當日緣明府共飲遂闕問願足下莫見責羲之頓首

廿七帖 淳化

十一月廿七日羲之報得十四十八二日書知問爲慰寒切微有筆誤比各佳不念憂勞久懸情吾食至少劣劣力

因謝司馬書不具羲之報

謝生帖　淳化

謝生多在山不復見且得書疾惡冷耿耿想數知問雖得數可歎

在山下別本有一下字此行特短意亦摹搨之誤

中郎女帖　淳化

中郎女頗有所向不今時婚對自不可復得僕德意君頗冷一作淪不大都此亦當在君耶

晚可帖　淳化

便大熱足下晚可耳甚患此熱力不具王羲之白

安善帖　薛氏

二月廿日羲之白□□不可言得六日告爲慰寒想各

安善司馬與無還問耿耿僕可耳力不具王羲之白

道意帖　薛氏

舊志志道意甚懃至不知爲盡心朝夕而已有所希耳

一自任之耳當以君書示

荀侯帖　淳化

荀侯佳不未果就卿深微有筆誤企懷耳安西音信明公還

得歸洛也計令解有懸休尋

明公還劉釋作那可遇黃伯思釋作明公還但還字

文義雖通而草法未當疑是果字而刻微有誤耳計

令令字亦未當

時事帖　淳化

足下時事少可數來至八相尋下官吏不東西未委若

爲言命乖足下不返重遣信往問願知心素

雪候帖 淳化

雪候既不已寒甚盛冬平可苦微有筆誤患足下亦當不堪之轉復知問王羲之白

弘遠帖 淳化

弘遠比當造須遲見此子眞以日爲歲足下得審問旨令吾

弘字劉釋作知非陳云須遲見須字劉釋作次

弘遠王粹也出嵇紹子含傳

知念帖 淳化

知念許君與足下意政同但今非致言地甚劬劬亦不

知范生以居職未以鄉示輒便及之吾尙不能惜小節

目但一開無解已又亦終無能爲益適足爲煩潰足下
呼爾不
陳云無能爲益劉釋益作蓋

言敘帖 賜書堂帖

思言敘卒何期但有長歎念告
米云柳公權記王獻之送梨帖後細題一行曰又一帖十二字連之余辨乃右軍書云云公權誤爲子敬也縫有貞觀半印世南孝先字跋印與跋今皆不存而此帖諸名帖中皆無之猶幸有此耳

若耶帖 淳化

八日羲之頓首多日不知君問得一昨書知君安善爲慰僕小差而疲劇昨若耶觀望乃苦輿上隱痛前後未

有此也然廿日一發勞復不極以此爲慰耳力不

狼毒帖　淳化

須狼毒市求不可得足下或有者分三兩停須故示

西問帖　淳化

得西問無他想彼人甚平安此粗佳玄度來數日爲慰

又一帖　淳化

不得西問耿

自愛帖　淳化

不得執手此恨何深足下各自愛數惠告臨書悵然

噉豆帖　淳化

噉豆鼠傷如佳今送能噉不

安西帖　淳化

一昨得安西六日書無他無所大說故不復付送讓都督表亦復常言耳如兄子書道蒿自必果今復與書督之足下勑令至并與遠書也

陳云都督表與督之二督字劉誤釋作共

二王帖評釋卷上終

二王帖評釋卷中　右軍書

宋南徐許開

知問帖　淳化

秋中感懷雨冷冀足下各可耳胛風遂欲成患甚憂之力知問王羲之頓首

此帖已刻淳化閣帖中而肥瘦少異諸帖重刻雖不失眞然轉相摹搨寖無訛舛此獨用眞蹟雙鉤無毫髮差上有佑陵宸翰宣政大觀等小璽及內府圖書印尤足寶爾陳云胛風劉誤釋作髀風此後有云髀中故不差視髀字筆法可知又云以卷羲之帖中有痺差不大令書中有婢日夕字又有靜婢字視婢字筆法則知此非髀字也

按胛古押切背胛也

闊别帖 淳化

羲之頓首闊别稍久眷與時長寒嚴足下何如想清豫耳披懷之暇復何致樂諸賢從當不疎吾之朽疾日就羸頓加復風勞諸無意賴促膝未近東望慨然所冀日月未得還期非遠耳深敬宜音問在數遇信忩遽萬不一陳

黄云當是永禪師得意書細觀此帖與代申帖迴别恐杏花不敢承當也陳云劉清豫字不釋諸賢作往賢

諸賢帖 淳化

此諸賢粗可時見省甚爲簡闊遠須異多小患而吾疾篤不得數爲歎耳

官奴帖 淳熙續帖

數有想常達還此不快鄙人得夏常爾公爲爾差念足下小大佳憂卿可耳想同數得問官奴婦產復委篤憂之深餘粗可口知足下念差免憂之不具羲之白

米云所見是雙鉤麻紙本今絳帖亦有口帖語多同而前後參錯然寶章待訪不載本文特愛其字畫豪縱又多渴筆恐非後來臨搨所能且內府所收當得其眞未知與絳本孰是

采菊帖 淳化

不審復何以永日多少看未九日當采菊不至日欲共行也倫等還殊慰意增慨知足下疾患小佳當惠緣想哀能果遲此善散非直思想而已也尋復有問足下以

數示

黄以爲采藥帖釋云九日當采藥不至日欲共行也失一筆劉釋作菊字爲是末有一行文義不屬不復刻倫等以下當別作一帖末一行云由爲諸力不具亦別是一帖想念作想必非

雪晴帖 閱古堂帖

羲之頓首快雪時晴佳想安善未果爲結力不次王羲之頓首　山陰張侯

米云右軍快雪時晴帖云云今世無右軍眞字此當爲眞字帖山陰張侯字帶行末有君倩二字疑是梁秀縫有褚氏字印今帖中三行書而無褚印不知米所見即此帖不又云蘇氏有三本余易得其一劉巨濟易得無

褚印此恐别是一本賜書堂所刻與此無異但差瘦耳

三行皆行書

內落皆字

服食帖　薛氏

服食而在人閒此速弊分明且轉衰老政可知乃欲與

彥仁集界上甚佳諸如此事皆所欣也平自可爾何所

諮人外將何必拘小繩墨且令吳興不出界當可耳便

因餘杭而行耶不自此會再舉難也君便可以僕書示

之但俗多㑀且在草澤者爲爾扇動縱任恐惡之者衆

又一帖　長沙

吾服食久猶爲劣劣大都比之年時爲復可可足下保

愛爲上臨書但有惆悵

十七帖

十七日先書郗司馬未去即日得足下書爲慰先書以
復具示數字
吾前東麤足作佳觀吾爲逸民之懷久矣足下何以方
復及此似夢中語耶無緣言面爲歎書何能悉
米云關杞嘗謂余曰昔越州一寺修佛殿於梁栱內藏
一函摸古數十本所可記者王右軍十七帖虞世南枕
臥等帖皆有儲氏圖書印黃亦云十七帖必多臨本永
禪師及虞世南褚庭誨臨字皆不甚遠故世有數本皆
不同此帖全是庭誨筆意然所謂十七帖者非止一帖
如來禽蜀都講堂成都等帖皆是以卷首一帖刻首帖
名則仍舊新安所刻至數字而止自吾前東麤足作佳
觀以下自爲四行恐是二帖然他本皆合爲一長沙帖

又誤併來居一帖今別刻

郗氏自太尉鑒後爲江左名族其姓讀如絺繡之絺後世字學不明遂訛作郄因讀爲郤詵之郤者非也先書以復具示數字或作以具復示數字吾前東四行曽名逸民帖元作二帖方字或疑作等字非法書要録元是方字或刻搨之失未可知也

裹鮓帖 薛氏

裹鮓味佳今致君所須可示勿難當以語虞令

米云右軍唐摸四帖一帖有裹鮓字薛道祖所收命爲裹鮓帖兩幅是冷金硬黄一幅是楮薄紙右軍暮年更妙帖也薛以刻石題賛其後曰右軍爲書暮年更妙裹鮓既出衆帖咸少蓋其暮年縱心所造開元珍藏洪文

祕奧崇嗣與欽鑒賞同好龍鳳騰儀日星垂耀陳雷不嗣隱如霧豹淸閟千歸是則是傚所謂唐摸四帖裏鮓之外則安善道意服食三帖是也

邛竹杖帖 長沙

去夏得足下致邛竹杖皆至此士人多有尊老者皆卽分布令知足下遠惠之至

又二帖 淳化又一帖

周益州送此邛竹杖鄉尊長或須令送

黃云右軍與周益州書凡一十許詮次者誤置兩卷中今莫得而盡考前帖豈其一耶

邛山名在蜀中生此竹高節可作杖見張騫傳

擇藥帖 淳化

鄉里人擇藥有發夢而得此藥者足下豈識之不乃云服之令人仙不知誰能試者形色故小異莫亦嘗見者謝二侯

陳云莫亦嘗見劉誤釋亦作與

夢字或作蔄字與字固非亦字亦未當疑是卽字

月末帖 淳化

月末必往遲見君無以爲喻

安和帖 淳化

伏想姨安和自下悉佳松上下至乖隔十八年復得一集且悲且慰何物喻姨疾至篤憂懷甚深穆松難爲情地自至猶小差然故匆匆異得漸和耳

姨卽嫂字顏魯公干祿字書姨嫂嫂上俗中通下正

賑民帖 絳帖

百姓之命□□到懸吾夙夜憂此時既不能開倉庾賑之因斷酒以救民命有何不可而刑□至此使人歎息吾復何在便可放之其罰謫之制宜嚴重可如治日每知卿同民之主

奉橘帖 豫章

奉橘三百枚霜未降未可多得

米云唐摸右軍帖雙鉤蠟紙末一帖是奉橘云云黃亦云右軍橘帖余曩在都見數家有此墨本或肥或瘦眞僞不可知要皆有數筆佳可愛韋蘇州詩云知君臥病思新橘試摘才酸亦未嘗書後欲題三百顆洞庭猶待滿林霜蓋取諸此也

豹奴帖 建中靖國

羲之頓首昨得書問所疾尚綴綴既不能眠食深憂慮
懸吾情至不能不委娫故不差豹奴晚不歸家隨彼弟
向州也前書云至三月間到之何能盡情憂足下所惠
極爲慰也不謂也

前三行曾見眞蹟是絹本趙子昂鄧善之題爲眠食
帖

敬問帖 淳化

尊夫人不和想小爾今以佳念纍息卿佳不吾故劣劣
力知問王羲之敬問

飛白帖 淳化

飛白不能乃佳意乃篤好此書至難或復作與卿

又二帖 淳化

省飛白乃致佳造次尋之乃欲窮本無論小進也稱此將青於藍致此四紙飛白以爲何似能學不

飛白起於蔡邕見堊帚而有飛動之勢蓋八分之輕者或謂其有縹緲縈迴之勢者非也

丹陽帖 淳化

知以得丹楊書甚慰乖離之歎當復何言尋答其書足下反事復行便爲索然良不可言此亦分耳遲面具

丹楊屬鎭江以其地多赤柳故名今通作陽當一作尙

太常帖 淳化

太常故患胛炙俞體中可可耳僕射事已行以表讓未知恕不未復司州自告懸竦鄱陽歲使應有書而未得
胛字注見前知問帖應有書或作膺出

熱日更甚帖 淳化

熱日更甚得書知足下不堪之同此無賴早且乘涼行欲往遲散也王羲之
且字或作宜或作旦並非

朱處仁帖 淳化

朱處仁今所在往得其書信遂不取答今因足下答其書可令必達

鹽井帖 淳化

彼鹽井火井皆有不足下目見不爲欲廣異聞具示

胡桃帖 淳化

得足下旃蜀胡桃藥二種知足下至戎鹽乃數是服食所須知足下得須服食方回近之未許吾此志知我者希此有成言無緣見卿以當一笑

旃與氈同蜀西胡毳布也戎鹽有數名胡鹽羌鹽虜鹽禿登鹽陰土鹽皆是也有赤黑二色或如雞卵或如菱米陶隱居曰主耳聾目痛丹房鏡源云能乾汞制丹砂方回郗愔字本傳云與姊夫王羲之高士許詢並有邁世之風右軍傳亦曰雅好服食養性云

龍保帖 新安

龍保等平安也謝之甚遲見卿舅可耳至爲閒隔也

閒一作夢

黃甘帖　淳化

奉黃甘二百不能佳想故得至耳船信不可得不知前
者至不

六日帖　新安

知足下行至吳念違離不可居叔當西耶遲知問

胡母從妹帖　新安

胡母氏從妹平安故在永興居去此七十也吾在官諸
理極差頃比復匆匆來示云與其婢問來信口不得也
胡母覆姓晉史有胡母輔之豈其族耶永興今蕭山
縣諸理極差言有過差也疑指求分會稽爲越州事

鯉魚帖　淳化

羲之白送此鯉魚征與敬耶不在不乃邑邑不

此帖淳化所刻及絳帖帖首皆有四行辭語多重不復盡刻

前四行別作一帖原與此不相屬

五日帖 淳熙

十月五日羲之忽有感情兼深足下得不可至前得足下似行二書爲慰故不適足下昨還如常耳雖不得旨問遠得足下書輒具問爲慰吾頃胷中惡不欲食積日勿勿五日來小差七日羲之白

石脾帖 戲帖

石脾入水卽乾出水便濕獨活有風不動無風自搖天下物理豈可以意求唯上聖乃能窮理

司州帖 淳化

司州供給寥落去無期也不果去公私之望無理或復是福得大等書慰心今因書也野數言疏平安足太宰中郎

司州郎今之河南府永嘉之後没於劉聰元帝渡江僑置司州於徐非本所也按史羲之從弟胡之字修齡弱冠有聲譽石季龍死朝廷欲綏輯河洛以胡之爲西中郎將司州刺史假節固辭未行而卒

愛鵞帖 賜書堂

數日雨冷腎氣疰腰復嗽動静遇風緊帔湖泛漲舩不可渡勿訝謝光禄鵞在山下懸情可愛羲之遣

齗茶帖 賜書堂

節日縈羣少睡齗茶微炙善佳令姊差耶石首鮝食之

消瓜成水此魚腦中有石如碁子野鴨亦有云此魚所
化乾蝸青黛主風搐搦艮
鸕鷀糞白去鼾黯瘢黶令人色態此禽不卵生口吐其
雛獨爲一異耳
鷹嘴爪炙入麝香煎酥酒一盞服之治痔瘻有驗十七
日羲之頓首
　蘄字從邑今從斤二王用字多有此訛也

豉酒帖　賜書堂

又口焦小服豉酒至佳數用有驗直以純酒漬豉令汁
濃使飲多少任意

虞義興帖　賜書堂

虞義興適送此桓公摧寇罔不如志今以當平定古人

之美不足比蹤使人歎慨無以爲喻

嘗新帖 賜書堂

惠野鴨一雙秋來未得始是嘗新遠能分遣但深佩戴

耶二謝

麥秋帖 續帖

大都夏冬自可足麥秋輒有違此亦人之常斯等平安

在此羸小差知口賢佳數見范生亦得玄近書爲慰又

得孔郗王書亦云不能數何爾須江生可耳斷絶也尙

未見傅女足下言極是有懷甚佳

筆精帖 蘭亭

紙筆精要深口見至一物而無所出後信酬

米云羲之筆精帖集在諸家碑上縫有貞觀半印當時

與大令日寒帖同在故相王曾家故蘭亭所刻亦誤以爲羊欣今貞觀印已不復存又紙下少一妙字文亦斷闕難解恐至寶永失姑取以存右當有能辨之者裕庵曰帖來四字釋作出後信酬似有誤也愚意釋書後須照四字不知然否

袁生帖　淳化

得袁二謝書具爲慰袁生蹔至都已還未此生至到之懷吾所也

此帖曾入宣和內府余嘗見之意爲唐臨有宣政雙龍等璽及內府圖書之印

還鎮帖　續帖

歸安口口送矣書云六日可至諸賢書云朝廷失之轉覺闕然此下旁注與卿書同四字不有君子其能國乎

此言深也但云已當人何以如夢恐卿表將復經年想

仁祖差時還內鎮慰人情耳皆在卿懷

法書要錄載有此帖得安已前尚有十六字懷下有

一矣字

來居帖 新安

瞻近無緣省苦但有悲歎足下小大悉平安也云卿當

來居此喜慰不可言想必果言苦有期耳亦度卿當不

居京此既避又節氣佳是以欣卿來也此信還具示問

避與僻皆與辟通用或曰此地可以避世亦通法書

要錄徑釋作僻雖草法不類然亦是

得見帖 續帖

源日有書口此果中而值吾病不得見之萬恨萬恨似

從魚浦不知何日當進足下必得見之也

七日帖 淳化

十月七日羲之報前過足下所得其書想殊有勞弊然叔兄子約有數人足慰目前情至取答委曲故具示可令必達以副此志且山川甚有形勢遠想慨然又出藥精要有驗信似可致當大惠也從弟分別吾深憂慮卿女轗軻想何可處差充喜言不多耳羲之

此帖與右軍他帖語多重復字畫大小亦同恐是好事者薈蕞而成蓋右軍墨妙經唐人臨摹流傳非一淳化所刊間有重見者意當時內府所收盡以入石故爾今重者已不復入姑存此帖使來者尙有考焉

敬和帖 絳

敬和在彼尙未議還增耿

隔日不面帖 繹

隔日不面懸遲何極計足下須入兼具此等事勢速令

垂報也

近日帖 繹

近日東陽絕無常憂心何可言想足下當盡能致

敬和以下三帖建中靖國續帖以爲賀知章非

二王帖評釋卷中終

二王帖評釋卷下　大令書

宋南徐許開

益州帖　淳化

七月二日獻之白孫權據有江東以歷三世國險而民附賢能爲用斯可與爲援而不可圖也益州天府之地高祖因之以成帝業荆州北據漢沔利盡南海西連巴蜀東通吳會此用武之國而其不能治天所以資將軍將軍既是帝室之胄信義著於四海成之大國誠難也

此與右軍豹奴帖筆法絕類蓋章草也淳化帖中有古法帖七段後四帖其二乃大令書既入大令帖中又復重出其二乃書諸葛亮及蜀主往復語亦用章草法劉

云筆法亦與大令相類恐皆大令書也以此帖觀之則與前帖皆書古人語無疑但此帖首有獻之白三字或云恐是與周益州書援引舊事後有脫簡爾陳云可與爲援與字劉誤釋作久利連誤作利建一作盡三世世字中缺一筆蓋唐人臨摹時去之以避太宗諱猶諸法帖殷敬二字多省其波以避宋諱也

耆舊傳帖 淳化

益部耆舊傳令送想催驅寫取耳慎不可過淹留吾去月從孫家求信次頓爾頻爲亂反側餳大佳柳下惠言餳可常餌亦覺有益耳

益部米元章作益郎非黃伯思謂蓋借陳壽所著益部耆舊傳也陳壽傳作益都亦非

助汝帖 淳化

吾當託桓江州助汝吾此不辦得遣人船迎汝當具東攻枋三四吾小可者當自力無湖迎汝故可得五六十人小枋諸謝當有便是見今當語之大理盡此信還具自胛痛可堪而以作書絕欲不可識

陳云無湖劉誤釋作無御蕪湖地名從簡作無耳自胛誤作白

按法書要錄此帖前有知汝欲來等數十字內吾字作五字不可識作不能成之乃在逸少帖中當以彥遠爲是王著以逸少無大草故置獻之帖中耳

鶩羣帖 淳化

獻之等再拜不審海鹽諸舍上下動靜比復常憂之姊

告無他事崇虛劉道士鵞羣並復歸也獻之等當須向
彼謝之獻之等再拜
黄云右軍寫經換鵞時子敬尚幼少未必能作此簡好
事者爲之爾如貞觀初楊師道輩可作此字恐不其然
人之善書蓋自幼天成者況子敬耶

敬祖帖 淳化

敬祖日夕還山陰與嚴使君聞頗多歲月今屬天寒擬
適遠爲當柰何柰何爾豈不令念姊遠路不能追求耳
此帖重見五卷古法帖中豈考之未詳耶長沙帖亦然
敬祖王導子武岡侯協也嚴使君君字舊作知嘗見
唐摸此帖是君字今從改定

送梨帖 淳熙

今送梨三百晚雪殊不能佳

米云王獻之送梨帖云云上有黎氏印跋紙半幅云因太宗書卷首見此兩行十字遂連此卷若珠還合浦劒返延平太和三年司封員外郎記則爲大令書無疑淳熙所刻及賜書堂皆誤以爲右軍今復以歸大令帖中豈亦若珠還劒返耶

鄱陽帖 淳化

鄱陽歸鄉承脩東轉有理吾賢畢欲事必俟勝歡慰于懷耶吾終權宜至承今年饑饉仰惟年支都乏絕不謂乖又至於此耶吾腳尚未差極憂也

此帖亦重見五卷古法帖中

地黃湯帖 淳化

新婦服地黄湯來似減眠食尚未佳憂懸不去心君等前所論事想必及謝生未還可耳進退不可解吾當書問也

鴨頭丸帖　淳化

鴨頭丸故不佳明當必集當與君相見

東陽帖　淳化

不審阿姨所患得差不極令懸側想東陽諸妹當復平安不審頃者情事漸差耶彼郡今載甚不能佳不知早晚至當遂至郡深想望

乞假帖　龍舒帖

臣獻之言臣違遠墳墓奄冉五載罔極之思實結於中前在郡已具陳聞爾時聖恩垂矜甚欲申其情事但以

被徵有大例故今曲成之仁不遂臣於朝職不同并急之制今欲特乞假百日以泄私口猶復欲與中表少敘分張之懷叉臣姊劉氏在餘杭當蹔過省若不得此不容回展伏惟天慈物通其志必蒙聽許以私上聞伏用祇悚臣言

餘杭帖　淳化

獻之白思戀觸事彌至獻之既欲過餘杭州將若比還京必視之來月十左右便當發奉見無復日比告何喻願復盡珍重理獻之白

永嘉帖　淳化

願餘上下安和知婢日夕疏慰意自故羸懸心傀比健也適奉永嘉去月十一日動靜故常患不寧諸女無復

消息獻之

消息帖　淳化

消息亦不可不佪精以經心向秋冷疾下亦應防也獻之下斷來佪患頭項痛復小爾耳

集聚帖　淳化

省前書故有集聚意當能果不足下小大佳不聞官前適遣足下甚急想以相體恕耳足下兒子以至廣州耶當有得集理不念懸心也耳

鐵石帖　淳化

近與鐵石共書令致之想久達不得君問以復經月懸情豈可言頃更寒不適頗有時氣君頃各可耳遲旨問僕大都小佳然疾根聚在右髀腳重痛不得轉動左腳

又腫疾候極是不佳幸食眠意事爲復可可冀非臧病耳

東坡詩有已將鐵石充逸少之句蓋坡疑以爲殷鐵石故云按詩注殷鐵石梁人非及與右軍父子同時今所謂與鐵石共書豈兩子張耶

散懷帖 淳化

知鐵石前往快作樂諸君善處世一達於當年不識過此僕端坐將百日爲尸居解日耳不知那得一散懷何其相思之深臨書意塞

玄度帖 淳化

玄度何來遲深令人憂懸耶常謂有理因祠監多感足下事甚善然所造極難想足下每思先後公卿一作豈須

言親親不已意耳安石停此過半日猶得一宿何物喻之一十當浦送近道所以致歎陽諸懷兒不可言且不復得鄉送有諸歎今此貪一作奕上道忽動小行多晝夜十三四起所去多又風不差腳更腫轉欲書疏自不可已唯絕歎於人理耳二妹復平平昨來山下差靜政當還委曲前書具想勝常也諸人悉何如承寇軍定入計今向達都汝奉見欣慶但恐停日不多耳

黃以爲忽動小行帖釋一晝字云筆誤成十陳云令人憂令字劉誤作足

委曲委字因右轉重一筆諸帖多誤今從閣本改正

慶至帖 淳化

慶等已至也鷩差不甚懸心宜一作還道一作送尋去奴定

西諸分張少言

散騎帖 淳化

鄱陽書停諸舍便有月未具散騎書知情至草草未發遣奉去月間承婦等復不能差深憂慮耳

散情帖 淳化

獻之白不審疾得損未極憂及更能出入未前書云至於散情婭疾苦療得所深喜慰想必爲問敬和晚際似差耶諸舍也能向諸弟各也

敬和王洽字

平安帖 淳化

近奉阿姑告知平安極慰人意獻之遂不堪暑氣力恆綴恐是惡風大都將息近似少卻

諸舍帖　淳化

諸舍復何如吾家多患憂一作望面以問慰情不知可耳
承永嘉比復患下上下諸疾患乃爾燋馳豈可懷不審
今復何如嫂卽平和耳貞壽不成病不驚還慰姊意今
已當向發分張諸懷可言殊當復憂懸婢腹痛見差不
劉家疾患卽差秀已還也

陳云今已當向發劉誤釋作常

違遠帖　淳化

吾十一日發吳興違遠兄姊感戀無喻慶等別不可言
比奉告故多患姊經感極頓憂馳益深適諮議十六日
告風疾故爾反側餘可行未東動靜不寧五宜速吳與
丞別兄進猶戀罔勞亦極惡馳情二女晚生皆佳未復

華姜疏比來得直疏故惡故足當覩華也汝兒女並可不

廿九帖 淳化

廿九日獻之白昨遂不奉恨深體中復何如弟甚頓匆匆不具獻之再拜

黄以爲昨遂不奉恨深帖有秦漢篆筆中令自言故自不同眞不虚爾書中有相勞苦語極佳讀之了不可解者當是箋素敗逸觀其可讀者知其爾爾

阮新婦帖 淳化

諸女無日事懸心阮新婦何日至慰姊目下

又一帖 淳化

阮新婦勉身得雄甚善散騎殊常慿也

陳云殊當劉誤釋作殊常

珍重帖 淳化

思戀無往不至省告對之悲塞未知何日復得奉見何以喻此心惟願盡珍重理遲此信反復知動靜

服黃耆帖 淳化

承服腎氣丸故以爲佳獻之比服黃耆甚勲平平耳亦欲至十齊齊劑通用當可知

冠軍帖 淳化

承冠軍故爾不覺轉勝炙無所覺憂馳深汝燋悚可言

服油帖 淳化

服油得力更能停嗽麵只五六日停也不至絕艱辛也足下明當必果想卽日如何深想憶

復面帖 淳化

復面悲積蕃首以不佳耿耿僕近動散委頓雖轉折猶惙然發止向以未定日冀以言首力還不復耳

領軍帖 淳化

還此今有書何以至不知諸舍故多患念勞以今差也得領軍書故在風丹楊書常疾動耿耿亦云得鄱陽近書爲慰丹楊疾者不果來甚悵恨

尊體何如帖 淳化

獻之白不審尊體復何如昨夜眠多少願盡寬愉理憂馳可復言若得消息去獻之

陳云消息去去字劉誤釋作告

使君帖 淳化

娗等承更惡不審頭痊復不必須散時終得力耶此藥甚佳想姊舉體不能行履服遂差安西且無恙府君屬有和稀久滯行路同人絕得此心故當攜其長幼詣汝上下知彼駱驛有書示不足以慰吾意耶冬間必欲至足下所居承使君明練不謂漸有勝也君數集聚然其大都可耳吾止於月半間耶

瞉奴帖 淳化

豹奴此月惟省一書亦不足慰懷深悉足下情素耳

豹奴桓嗣小名嗣王氏甥也故右軍章草一帖亦有豹奴字今作瞉非

日寒帖 蘭亭

日寒涼得告承諸惡□□復炙極嘗慘痛悲灼僕病正

自不差疾久自口目深悲企甚積既慘寒君疾係以罪黜二三不職出門近疑所敘似不口益企恨口韋借請有人當復敘耳

米云王獻之日寒帖有唐氏雜迹印後有兩行謝安批所謂批後爲答也唐太宗不收獻之帖故於帖上刮去不次獻之白字謂之羊欣以應募而蘭亭帖亦以爲羊欣書官法帖既已遺脫前此又無爲之辨者良可恨爾

轉勝帖 淳化

疾不退潛處當日深豈可以常理待之此豈常憂不審食復何如肌色可可所堪轉勝復以此慰馳竦耳

陳云馳竦劉誤作馳竦

范新婦帖 絳

謝范新婦得□富春過諸道路安隱甚慰懸心比日涼即至平安也上下集聚欣慶也華等佳不小婢比小不大都可耶新婦舍其行更憐之不可言范新婦省

米云余收子敬范新婦唐摹帖嘗題詩曰正觀款書丈二紙不許見奇專父□而繹帖誤以爲右軍今從米移入

云何帖 渟化

得西問不寇復云何令人邑邑具示

寇字舊釋作寢按章草法寇字當如此書

南中佳音帖 愛民堂

南中佳音一□□□數月也吾甚憂慮卿君何如耶獻之

礜石帖 淳化

獻之白兄靜息應佳何以復小惡耶伏想比消息理盡轉勝耳礜石深是可疑事兄憙患散輒發癰勢為積乃不易願復更思獻之惟賴消息內外極生冷而心腹中恆無他此一事是差但疾源不除自不得佳論事當隨宜思之也獻之姊性纏綿觸事殊當不可獻之方當長愁耳

陳云論事當嘗字劉誤作常

想彼悉佳帖 淳化

想彼悉佳汝復見諸女不此上下故爾耳

使還帖 淳化

玄度時往來以此為慰興公使適還數日具都下問人

情所憂艮可歎息諸從數問齡前來經日極爲差云仁祖欲請爲軍司不知行不

諸賢劉誤作諸從齡前來齡字不釋

按賢字亦未嘗與公孫字仁祖謝尙字也

康熙十八年己未歲次陽月既朔星溪俞艮貴臨識

二王帖評釋卷下終

二王帖書蹟跋

言父子之異者曰向歆言父子之同者曰羲獻攷向歆之春秋則未嘗必異眎羲獻之行草則未嘗或同眞大醉之辭那得知之辭唐孫過庭並載於譜蓋因是爾歐陽文忠公亦云羲獻世以書自名而筆法相去遠甚父子之間不同如此然皆有足喜也取其所可喜不詒其所不同二王帖於是刻石淸江郡博士時君涇嗜古且耐勞躬自模搨毫髮幾無遺恨可一洗他本而空之丙寅歲元夕假守許開題

二王帖評釋跋

右二王帖評釋三卷宋許開撰開字仲啟韓昌黎集載評論詁訓音釋諸儒名氏南徐許氏下注云丹徒繆家何許氏宗譜云開字方來丹徒人乾道八年登進士第乙科淳熙十年試教官科至順鎮江志卷十八許氏宗譜云開爲許渾八世孫布赤公長子舊譜失其仕宦所至與其夫人子嗣葬卒皆不能詳矣嘗以中奉大夫提舉武夷沖祐觀趙希弁讀書附志著有志隱類藁二十卷宋史藝文志校正韓昌黎集韓集前載諸儒姓氏讀書附志載二王帖三卷又題志隱類稿後云清江二王帖開爲守時所刻聖宋名賢五百家播芳大全文粹前有紹熙改元庚戌八月朔許開序云鉅鹿魏君仲賢南陽葉君子實集本朝名公雜著之文以惠同志予往者守官□陽於書市經從爲款二君屬予序之按陽上缺文或爲南字疑開曾守南陽不僅爲清江守也二王帖許開跋題爲丙寅歲元夕假守當爲開禧二年距紹熙庚戌十六年是守南陽在前守清江在後也開自爲跋謂二王帖刻石清江郡博士時君涇躬自模搨毫髮幾無遺恨可一洗他本而空之云

云是其石刻之精可以想見如原刻尚存當爲吾鄉祕笈第一物之數惜舉世之無傳本也余自辛亥國變後博訪鄉先哲遺書謀爲雕播癸丑仲春聞康熙間星溪俞艮貴有臨本爲雍正五年所刊在京師圖書館中時余門人劉陽王佐昌懋鎔適典書其中因馳書詢之佐昌以二王書蹟三卷未能摹寫亟錄其評釋三卷遺余雖於翔鸞翥鳳之體不能倣擬而觀其序次辨釋亦略可津逮其書於每帖題下各注所采帖名如寶晉齋舊帖淳化閣帖淳熙續帖絳帖河東薛氏長沙帖豫章帖賜書堂帖閱古堂帖新安蘭亭彝帖建中靖國續帖愛民堂帖龍舒帖凡十五家宋代法帖流傳至今百尠一二賴此得存崖略實爲考訂法帖之助其所采輯雖皆出自諸家類帖非由原墨然於卷上大熱帖下里字小船字云

未見閣帖眞本不敢臆斷淳化帖至南宋初翻刻已多舊本難得故云未見眞本譙周帖下言泉本淳化亦其證也目錄卷上有又臨法帖眞蹟二帖卷中豹奴帖下云前三行曾見眞蹟是絹本此下有趙子昂鄧善之題爲眠食帖十一字當是後人所加卷下敬祖帖下使君君字舊作郡云嘗見唐模此帖是君字今從改定袁生帖下云此帖曾入宣和內府余曾見之意爲唐臨據此四端是其心並不以帖本爲足凡眞蹟唐模苟得一事亦必予以參稽則未可以翻刻二王字輕視之矣其釋文於張彥遠米芾劉次莊陳與義黃庭堅黃伯思諸家皆有所采然附注於清和帖云慮拔字皆有筆誤荀侯帖云明公還還字草法未當疑是果字擇藥帖云與字固非亦字亦未當疑是卽字是於舊釋之未允者未嘗不下己意也至帖文之無可疑者則卽徑著於釋文如此郡帖夏字昨見君歡帖

詣字晚可帖白字若耶帖發字擇藥帖夢字太常帖應有字助汝帖攻字餘杭帖奉見字消息帖以字鐵石帖藏字散懷帖一達一字玄度帖令字謂字公字送字貪字慶至帖宜字少字領軍帖疾者字斅奴帖豹字此等明上海顧從義閣帖釋文考異均與之同從義固未引證許書卽　欽定釋文訂異於此亦第云從顧釋是許氏此書世所罕覯吾邑學人所當爲之揚詡者也戊午孟秋月十一日丙申冄徒陳慶年跋

宋張方叔芸窗詞一卷

宣統辛亥
橫山艸堂

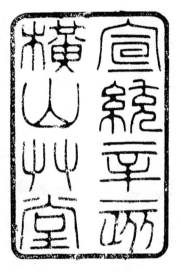

欽定四庫全書總目卷二百集部詞曲類存目

芸窗詞一卷江蘇巡撫採進本

宋張榘撰榘字方叔南徐人其始末不可考觀集中被檄出郊青玉案詞有六朝舊事一江流水句又和上元王仇香舍山邵梅仙敘别浪淘沙詞有鍾阜石城何處是句知嘗官於建康又次虛齋先生雨花宴水龍吟詞有何時脱了塵埃羈緩句則官乃縣令也其詞諸家選本罕見採錄此本爲毛晉所刻亦不詳其所自詞僅五十首而應酬之作凡四十三首四十三首之中壽賈似道者五壽似道之母者二其餘亦大抵諛頌上官之作塵容俗狀開卷可憎惟小令時有佳語毛晉跋稱其摸魚兒之正挑鐙共聽夜雨浪淘沙之小樓燕子語春寒青

玉案之秋在黃花羞澁處水龍吟之苦被流鶯蹴翻花影一欄紅露諸句固自稍稍可觀然不能掩其全集之陋也

芸窗詞

目錄

芸窗詞目錄終

芸窗詞

宋 張榘

孤鸞 次虛齋先生梅詞韻○虛齋詞云江南春早問江上寒梅占春多少幾點疏星細細萬里春風到幽香不知甚處但迢迢滿江煙草回首誰家竹外有一枝斜好 記當年曾共梅花笑念玉雪襟期有誰知道喚起羅浮夢正參橫月小淒涼更吹寒管謾相思鬢華驚老待覓西湖半曲對霜天清曉

塞鴻來早正碧瓦霜輕玉麟寒少昨夜南枝一點陽和先到黃昏半窗淡月照青青謝池春草此際虛齋心事與此花俱好 笑巡簷索共梅花笑是千古風流少陵曾道爭似油幢下對一枝春小江城慣聽畫角且休教玉關人老好試和羹手段向鳳池春曉

燭影搖紅 再次虛齋先生梅詞韻○虛齋詞云乍冷還暄小春時候今朝轉三分曆日一分休鏡裏淸霜滿雲幔低垂不捲矮窗明紅麟初煥老來活計白酒三盃黃庭一卷 萬里關河朔風吹斷邊聲遠

倚樓脈脈數歸鴻誰會愁深淺最苦山寒日短但
梅花相看歲晚何人金屋巧囀歌鸎謾調箏雁

春小寒輕南枝一夜陽和轉東君先遞玉麟香冷蕊幽芳滿
應把朱簾暮捲更何須金猊香爇千山月淡萬里塵清酒樽
經卷　樓上胡牀笑談聲裏機謀遠甲兵百萬出胸中誰謂
江流淺顙頷狂胡計短定相將來朝悔晚功名做了金鼎和
櫜捲藏袍雁

摸魚兒　送邵瓜坡赴含山尉且堅後約

正挑燈共聽簷雨問誰催動行色風前千點離亭恨惟有落
梅知得王謝宅記前度斜陽燕子曾相識花香霧鬲無計强
追隨陽關聲斷回首暮雲隔　文章貫合上薇垣梧掖征鞍
底事江北青衫莫對韓彭著還是玉麟佳客須記憶有衿佩
鏘鏘正願依重席荼蘼未折次第牡丹開一樽畱待相與醉

寒食

又 送上元王簿同府

正桃花漸葢紅雨依稀一半春色東風十里離亭恨楊柳絲絲如織遠又憶向雪月梅邊陶寫吟情逸清愁拍拍算秪暮山知棲鴉斜照春樹渺空碧　文章貫合整垂雲健翼翔鸞底用棲棘要尋玉洞煙霞勝聊趁麟符葢檄歸驄急看塵袂方清宥恩綸催入覲仙倦舄相與問孤山開樽抵掌一舸畫橋側

青玉案 被檄出郊題陳氏山居

西風亂葉溪橋樹秋在黃花羞澀處滿袖塵埃推不去馬蹄濃露雞聲淡月寂歷荒村路　身名多被儒冠誤十載重來慢如許且盡清樽公莫舞六朝舊事一江流水萬感天涯暮

浪淘沙　和上元王仇香猷含山邵梅仙有渙敘別

風色轉東南翠擁層巒杏花疏雨逗清寒鍾阜石城何處是煙靄漫漫　行斾已西關一霎時間芳樽聊復挽餘歡明日斷魂分付與萬疊雲山

又　再和

雨過莫天南高下青巒小樓燕子話春寒多少夕陽芳艸地霧掩煙漫　別恨正相關心上眉間離歌一曲間悲歡後夜月明何處夢鍾阜容山

水龍吟　次韻虛齋先生雨花宴

暮雲低鎖荒臺凭闌四望天垂地曼花半夜蜚香繚繞昔人曾記往事悠悠物華非舊江山仍麗悵斜陽芳艸長安不見誰共灑新亭淚　開放林巒舊址動騷人一番詞意青油幕

裏相忘魚鳥水邊雲際卻恨清遊未能追逐區區僚底問何時脫了塵埃罣綬爲虛齋醉

西江月

春事三分之二落花庭院輕寒翠屏圍夢寶熏殘窗外流鶯聲亂　睡起猶支雪腕覺來慵整雲鬟閒拈樂府幾闌干宿酒纔醒一半

孤鸞 以梅花爲趙孏窩壽

荆谿清曉問昨夜南枝幾分春到一點幽芳不待隴頭音耗亭亭水邊月下勝人間等閒花草此際風流誰似有孏窩詩老　且向虛簷淡然索笑任雪壓霜欺精神越好最喜庭除下映紫蘭嬌小孤山好喜舊約況和羹用功宜早移傍玉階深處趁天香繚繞

水龍吟　寄興

莫天絲雨輕寒寒光春色看看過梅花謝了蒼苔萬點香殘
粉污猶喜牆頭一枝嬌裊杏腮微露算幾囘逗曉朱闌獨倚
悄只怕東風大　浮世名韁利鎖這區區要須識破滄浪夜
月翠微雲樹依然還我重結鷗盟細聽鶯語自歌自和問黃
沙飛鐵紅塵走馬又還知麽

又

晝長簾幙低垂時時風度楊花過粱間燕子芹隨香觜頻沾
泥污苦被流鶯蹴翻花影一闌紅露看殘梅飛盡枝頭微認
靑靑子些兒大　誰道洞門無鎖翠苔蘚何曾踏破好天良
夜淸風明月正須著我閒展蠻牋寄情詞調唱成誰和問曉
山亭下山茶經雨早來開麽

又　頑雪歎春葵軒兄用韻因次其韻

先來花較開遲，怎禁風雪摧殘過紅英紫蕚從他點綴翻成沾污一點清香幾多穠豔緊藏不露伴楊花散漫逡巡堆積纖翠處妝成大　多謝東君造化把羣陰一朝除破千機錦繡露濃香輭中閒坐我嚼徵含商振金敲玉塤篪相和問西湖别有一番桃李肯同遊麼

又　丁經之用韻詠園亭次韻以謝

近家添得園亭曉山時看飛雲過擁石栽梅疏池傍竹翦除蕪污更喜南牆杏腮桃臉含羞微露算鶯花世界都來十畝規模好何須大　開放兩眉上鎖把春前新醅撥破病酒無聊且容觴客無多酌我底用歌喉柳邊自有鳴禽相和逗歸來折得花枝教看似人人麼

念奴嬌　重午次丁廣文韻

楚湘舊俗記包黍沉流緬懷忠節誰挽汨羅千丈雪一洗些魂離別贏得兒童紅絲纏臂佳話年年說龍舟爭渡搴旗搥鼓驕劣　誰念詞客風流菖蒲桃柳憶閨門鋪設嚼徵含商陶雅興爭似年時娛悅靑杏園林一樽煮酒當爲澆悽切南熏應解把君愁袂吹裂

又

三閭何在把離騷細讀幾番擊節蘺蕙椒蘭紛江渚較以艾蕭終別淸濁同流醉醒一夢此恨誰能說忠魂耿耿秖憑天辨優劣　須信千古湘流練絲纏黍端爲英雄設堪笑兒童浮昌歜悲憤翻爲嬉悅三歎靈均竟羅讒網我獨中情切熏風窗戶榴花知爲誰裂

虞美人 和蘭坡催梅韻二首

金爐鈒就裙紋摺，香燼低雲月。玉鈿黏唾上眉心，不似壽陽簷下六花清。　翠禽飛起南枝動，驚破西湖夢。仗誰爲作水龍聲，吹綻寒葩詩眼爲君青。

又

小蠻纔把鴛衾摺，妝就梳橫月。探梅不似舊年心，卻愛窗前紙帳十分清。　朔風吹起寒雲動，午寢都無夢。黃昏更被竹枝聲，喚起醒醒相對一燈青。

又借韻

龍香淺漬羅屏褶，睡思低眉月。閒愁閒悶不關心，心似窗前梅影一般清。　繡幃交掩流蘇動，一覺華胥夢。枕山輕戛寶釵聲，粉褪香腮零亂鬢鴉青。

沁園春 爲題孏窩壽

靜壽先生笑傲四并醉眠孏窩甚一枰棊攤掉頭不顧同舟風緊袖手高歌太白詞華更生忠憤爲問山林老得麼須知道有淮碑未作語石當磨 年來君子無多試屈指如公能幾何況蒭蕘公論新曾推許冕旒異眷行見搜羅澤潤生民洗清兵甲待挽錢塘江上波功名就訪蟠桃把玩銅狄摩挲

凱歌 爲壑相壽

雙闕護仙境萬壑渺清秋台躔光動銀漢神秀孕公侯胸中千崖灝氣筆底三江流水姓字桂香浮十載洞庭月今喜照揚州 捧丹詔陞紫殿建碧油胡兒深避沙漠鈴閣颺輕裘點撿召棠遺愛醞釀潘輿喜色英裔蔚文彪整頓朝坤定千歲侍宸旒

飛雪滿堆山　次趙西里希行喜雪韻

薆日烘晴，梅梢春動，曉窗客夢方還。江天萬里，高低煙樹，四望猶擁螺鬟。是誰邀滕六，釀薄暮、同雲沍寒。卻元來是，鈴閣露熏，俄忽老青山。　都盡道、年來須更好，無緣農事，雨溜風慳。鵝池夜半，銜枚飛渡，看樽俎折衝閒。儘青油談笑，瓊花露、盃深量寬。功名做了，雲臺寫作畫圖看。

絳都春　次韻趙西里遊平山堂二詞

平山老柳，寄多少勝遊，春愁詩瘦。萬疊翠屏，一抹江煙渾如舊。晴空欄檻今何有。寂寞文章身後。喚囘奇事，青油上客，放懷樽酒。　知不。全淮萬里，羽書靜、草綠長亭津堠。小隊出郊，花底賡酬閒時候。和熏籌幘垂春晝。坐看蓉池波皺。主賓同會風雲，盛名可久。

朝中措 前題

誰云萬事轉頭空春寓不言中底問垂楊在否年年一度東風　憑高慨古英雄亦淚我輩情鍾事業正須老手淸吟留與山翁

千秋歲 爲壑翁母夫人壽

鶴城秋曉又慶生朝到人與月年年好黑頭公相貴膝下歡娛笑君知否箇般福分人間少　塞上西風老紅入霜前棗日日有平安報慈顔酡暈淺一呷金盃小香繚繞壽星明處台星照

靑玉案 和何使君父了翁韻詞三首

巖城寂寞山繚繞覺寒透貂裘峭雲壓江天風破曉飛瓊萬頃看來渾似澤國蘆花老　上山不怕頻頻倒要筆陣縱橫

快揮埽見説今年梅較早笑將名勝下鍾萬字誰似邦侯好

又

少時貪看瓊林繞任馬上寒威峭昨暮六花飛逗曉擁衾慵起鬢絲籠帽頓覺年來老　朱闌翠竹枝枝倒把玉甃稜層趁風埽樓上一樽須放早同雲收盡紅輪初上對面狠峯好

又

龍香熏被羅屏繞任窗外風兒峭鴛枕夢回雞唱曉了鬟驚笑瓊枝低亞錯認梅花老　紅爐獸炭裝還倒強梳洗忙將黛眉埽貪趁清歌爭怕早弓靴微溼玉纖頻袖塑出獅兒好

沁園春 為鏊相壽

思昔買臣懷綬會稽年猶五旬算初無功用維持國事但將富貴誇耀時人未若先生方當強仕掌握長淮百萬軍難摹

寫是擎天招地緯武經文　河濱胡馬嘶春便密運機籌出萬全擁熊旗指授鷹揚虓敢氈裘膺落鼠逸狐奔褒詔飛來威名加盛從此不須關玉門歸朝也看雲臺畫像金鼎調元

金縷曲　次韻拙逸劉直孺見寄言志

枌社新相識恍瞻君丰神氣貌飄然仙白筆底三江鯨浪注胸次一甌冰雪怎不做龍門上客坎止流行元無定敢一朝挨郤塵泥迹且贈把錦雲織　試看自古賢侯伯一時間失雖暫失得還終得儋石空無君家事百萬付之一擲漸養就搏風鵬翼任你祖鞭先著了占鷗天浩蕩觀浮沒挈富貴等兒劇

賀新涼　次拙逸劉直孺維揚客中韻

襟度天爲侶價平生放浪江湖浮雲行住倒挽峽流歸筆底

袞袞二并四具何尙友滄波鷗鷺藻黻皇猷君能事況賢書兩度登天府急著手佐明主　晴風一舸來瓜步翦燈花樽酒論詩頓忘羈旅逗曉鑾幾傳金縷一片瑰詞綺語甚獨蠒抽成長緒當代壑翁文章伯定不教彈鋏輕辭去留共濟孤舟渡

醉落魄 次韻趙西里梅詞

瑤姬妙格冰姿微帶霜痕作一般惱殺多情客風弄横枝殘月半窗白　孤山仙種曾移得結根久傍王猷宅欲幾心事呼雲翮爲報年芳萍梗正南北

摸魚兒 爲趙孏窩壽

猛思量孏窩初度會雲呈瑞時節平山楊柳蒼茫外猶是鄉闢明月春漏洩定知有梅花先向江南發煙波夢闊謾約住

西風呼將寒雁把酒爲君說　君看取世道羊腸屈指依然熟路輕轍林泉暫洗經綸手桐柏夜香熏徹趨魏闕指天上星辰平步儀清切蟠桃未結待做著功名卻尋曼倩相與帶花折

瑞鶴仙　次韻陸景思喜雪

碧油推上客有神機沈密參運帷幄威聲際沙漠慶雲飛川泳和熏三白霄淵覓鬲甚探梅也來相約更誰憐久客泥深窮履栖栖東郭　農麥年來管好禾黍離離詎忘關洛風高水涸多少事待韜略看鵝池夜渡犂明飛捷兒輩惛惛未覺便衝寒鐵騎橫驅汎埽六合

沁園春　代人上吳履齋集賢壽

綠埜歸來節杖角巾豈不快哉有清泉白石東西岩岫翠陰

紅影高下樓臺況是蕤賓槐庭暑薄照眼葵榴次第開輕熏裏煎香蒲爲壽一笑傳盃　栽培多少英材更霖雨看看徧九垓算支撐廈屋正資梁棟調和鈞鼎須用鹽梅旒冕興思搢紳顒望應有天邊丹詔催依還是爲蒼生一起重位元台

木蘭花慢 上壑翁壽

豆花輕雨霽更七日是中秋記分野三台家山雙闕孕秀名流平生佐時大略有中勤一念等伊周十載淸風楚澤三年明月揚州　須知萬竈出貔貅智勇邁前猷自向來擣穎□番平海膽落氊裘紅旗指關定洛看春融喜色動宸旒著取斑衣繡袞揭開玉宇金甌

好事近 九日登平山和王帥幹應奎

素筆走龍蛇難覓醉翁眞跡惟有斷崗衰草是幾番經歷

紫萸黃菊又西風同作攜壺客清興未闌歸去負晴空明月

摸魚兒 九日登平山和趙子固帥機

望神京目斷煙艸青天長劒頻倚香街十里朱簾月空想當年華麗堪歎處但沙霾蒹葭咿嚘雁聲起平山謾記悵楊柳春風晴空欄檻陳迹總非是 重陽好紅葉黃華滿地良辰美景如此青油幕府傳芳斝苒苒露瓊花氣還更喜看玉闈規恢笑騁伊吾志塵清北冀向關洛聯鑣巍巍冠佩麟閣畫圖裏

唐多令 九日登平山和朱帥幹

斜日淡蕪煙重陽又一年悵垂楊幾度飛綿只把晴空山色看多少恨倩誰牋 沙霾暗中原模戈誰夜眠儘今宵且醉花邊準擬來秋天氣好重把菊嗅芳妍

賀新涼　壽壑相母夫人

萸菊香凝霧記重陽纔經三日帨懸朱戶紫殿玉垣稱壽斝瀲灩瓊花清露正萬里塵清淮浦地寶從來標瑞應甚新曾秀出金芝樹正此處誕申甫　人間小住千秋歲晝堂深綵侍怡聲慈顏笑語況是加恩封大國錦誥鸞翔鳳舞便娛侍魚軒沙路御果金泥宣暁宴捲宮簾爭看元台母家慶事耀今古是年加封大國壑相生于寶慶近芝生于是邦

又　送劉澄齋制幹歸京口

疋馬鍾山路悵年來只解郵亭送人歸去季子貂裘塵漸滿猶是區區羈旅謾空有劍峰如故髀肉未消儀舌在向樽前莫灑英雄淚鞭未動酒頻舉　西風亂葉長安樹歎離離荒宮廢苑幾番禾黍雲棧縈紆今平步休說襄淮樂土但衮衮

江濤東注世上豈無高臥者奈草廬煙鎖無人顧嘅此恨付
金縷

滿江紅 壽壑相

淮海波澄湛桂影半窺涼月又還是中秋相近垂弧時節綸
誥飛來宸眷重綵衣著處慈顏悅注紫清花露入瑤卮瓊香
滑 揮[illegible]持旄鉞鯨海浪陰山雪著威聲到處遏衝都折
沙溪遠標銅柱界關河盡補金甌缺君臣千載會風雲看伊
說

浪淘沙 次韻孫壽窗制參雨中海棠

春夢草茸茸愁雨愁風對花須拚酒頻中莫遣枝頭銀燭暗
辜負嫣紅 推起薄書叢何苦怱怱懢吟卻說少陵公天定
爲花開一笑日上籬東

又 再用前韻定出郊之約

煙縷暗蒙葺楊柳輕風雨聲多在夜窗中春水漸生春事去流盡殘紅　新筍綠叢叢鷺語怱怱一樽同酹定林公十里長松青未了山北山東

摸魚兒 荼蘼

正莓牆柳綿低度枝頭紅紫飛盡穠陰漲綠冰鈿碎浥浥麝蘭成陣仙骨嫩悅姑射瑤姬青幰游瓊苑風前有恨也一似宮梅飄香墜粉輕點壽陽鬢　梨花雪搆道全無淸韵何曾留到春晚柔條不受眞珠露滴瀝紫檀心暈芳又問待撥放金樽拚作通宵飲日高慵困任翠幄低雲玉熏泛夢路入醉鄉穩

木蘭花慢 次韻孫霽窗賦牡丹

漸稠紅飛盡早穠綠徧林梢正池館輕寒楊花飄絮草色縈袍天香夜浮院宇看亭亭雨檻漬春膏趁取芳時勝賞莫將年少輕拋　鞭鞘驅放馬蹏高世事一秋毫便飛書倥傯運籌閑暇何害推敲花前效顰著句悄干鏌側畔奏鉛刀何日重攜樽酒浮甌細翦香苞

祝英臺近　賦牡丹

柳綿稀桃錦淡春事在何許一種穠華天香漬冰露嫩苞疊疊湘羅紅嬌紫妬翠葆護西眞仙侶　試聽取更饒十日看承霞腴汚塵土池館輕寒次第少風雨好趁油幙清閑重開芳醑莫孤負鸎歌蝶舞

滿江紅　壽壑相

玉壘澄秋又還近桂華如璧算六載籌邊整暇幾多功績鐵

壁連雲東海重驚波截斷狂䑺翼把向來擣穎舊規模平淮北　經濟妙誰知得總都是詩書力有召公家法范公胸臆赫赫勛名俱向上綿綿福壽宜無極看彩衣輝映袞衣榮恢霖澤

鷓鴣天　壽定庵運管兄

飽挹臺城白鷺秋又騎黃鵠上江州恩波浩蕩三千里多少人家願借留　壽斝菊香浮姓名還喜到宸旒片□□□□□□□振□□□下流

安慶模　和孫壽窗

渺長江浩無今古悠悠經幾流景橋家松竹知何在寂歷丹楓如錦行陣整想鬭艦連艘談笑煙灰冷寒光萬頃算只有當年暮天霜月慘澹照山影　元戎隊畫角梅花緩引樓船

飛渡波穩中流擊楫酬初志此去君王高枕應暗省使萬里塵清誰遜周公瑾勛名不泯看陽蟄潛開老龍挾雨淵睡爲民醒

方叔南徐人與了翁虛齋相友善最喜作次韻小令惜諸家詞選不載余偶得芸窗詞全帙如正挑燈共聽夜雨幽韻不減陸放翁如小樓燕子話春寒豔態不減史邦卿至如秋在黃花羞澀處文茜被流鶯蹴翻花影一欄紅露等語宜可與秦七黃九相雄長或病其饒貧寒氣毋乃太貶乎古虞毛晉識

芸窗詞終

共字五千八百五十六箇

丹徒張恩慶校刊

楊子勤書

善餘仁兄大人閣下日前復上一書計徹清鑒昨從友人處假得芸窗詞一冊細讀一過中閒尋常酬應之作居多可置不論而其繫情舊京志在恢復如云往事悠悠物華非舊江山仍麗悵斜陽芳草長安不見誰共灑新亭淚又云還更喜玉闕規模笑騁伊吾志塵清北冀又云西風亂葉長安樹歎離離荒宮廢苑幾番禾黍可謂忠義憤發與辛稼軒張于湖互相映照昔宋于廷謂姜白石流落江湖不忘君國借託比興於長短句寄之白石隱秀而芸窗透露其詞筆有高下而心期要爲不二也執事能爲作序跋表明此旨知古人心眼正自有在非徒工綺語者比有功於詞苑者多矣未審高明以爲然否毛子晉好事人耳跋中俱摘其空綺之句不足爲

書 一

方叔知已詞學自皋文保緒託體始尊讀古人詩文皆當以
此法尋求庶耳食者不敢以詞章爲小道也書以求教手此
敬頌侍福百益弟制楊鍾羲頓首癸丑長至後三日

芸窗詞跋

右芸窗詞一卷宋張榘撰榘字方叔號芸窗家茅峰之東見於宋劉瑄詩苑衆芳所謂華陽張氏者是也今按宋周應合景定建康志卷二十二載榘雨花臺詩題爲南徐張榘詩近句容所出淳祐城磚亦題南徐張知縣光緒續纂句容縣志卷十七金石宋句容縣城甎正書陽文今存文曰淳祐乙巳年南徐張知縣任内光緒辛卯見諸王姓壁上是榘固丹徒人也榘此詞有賀新涼送劉澄齋制幹歸京口云疋馬鍾山路悵年來只解郵亭送人歸去季子貂裘塵漸滿猶是區區羇旅蓋芸窗無宅在鄉里見人歸京口而以羇旅自傷也攷景定建康志榘於理宗端平初任建康察推淳祐閒知句容寶祐時任制置司參議及機宜文字官景定建康志卷二十四察推題名張榘端平元年七月二十八日到任嘉熙元年七月二十八日滿任卷二十五制置司題名張榘於寶祐時任參議及機宜文字官卷

二十七句容縣題壁張榘淳祐五年三月初二日到任其知句容時嘉慶江甯府志卷二十六名宦復載其修德行政敬儒重教製祭服定禮儀歲將大比設文會嚴課應試生徒多所造就邑民感化是芸窗并有政績可以稱述提要乃謂其始末不可考亦見其搜討之未勤也據詩苑衆芳言榘有詩集并樂府行於世是此詞在宋當有刊本惜已無徵毛子晉宋六十家詞內有榘詞一卷其跋謂諸家詞選不載蓋傳誦不廣別墨益稀矣余旣以毛本壽之木復取 御選歷代詩餘讀之錄芸窗詞至二十七首與此頗有異文如飛雪滿堆山堆作羣注羣或作堆是毛本以外當尚有他本可校又摸魚兒堪歎處沙鷗蒹葭沙上有但字便向關洛聯鑣無便字皆於調爲合又如荼蘼未折作未折摸魚兒鈴閣露熏作鈴閣雲蒸飛雪滿堆山露字與下闋重喚起醒醒作

惺惺虞美人、芳又問作莫更問摸魚兒，是皆較毛本爲勝也。他如玉麟之作玉鱗孤鸞、問何時脫了塵埃墨綬作問何如水龍吟、粉污泥污沾污蕪污四污字之作涴並水龍吟、一覺華胥夢之作瞢騰夢虞美人、狠峰之作狠山青玉案、霜痕作之作露痕拆醉落魄、望神京之作望關河摸魚兒、尷吟之作慳吟浪淘沙、搆道之作誰道摸魚兒，是皆可以備異文也。意海內當更有別本，俟他日得而彙校之。光緒戊子錢唐汪大鈞重校刊宋名家詞於芸窗詞全依毛本無所校正也

吾邑宋代詞家如蘇庠直齋書錄解題卷二十一有庠後湖詞一卷宋陸友仁研北雜志卷上紹興中郎官周紫芝乞旌表蘇庠劄子云竊見鎮江府蘇堅之子庠人物文采一時之勝而抱泉石煙霞之念至於終身可謂異矣、蔣元龍嘉定鎮江志附錄蔣元龍子雲丹徒人有詞板行世以特科入官終縣令、張梅深陽春白雪姓氏爵里張榘字子成號梅深絕妙好詞名龍榮號成子南徐人有梅深集 當時有兩張榘、孫吳會至順鎮江志十九孫吳會字楚望淮安人居京口累官至朝請郎常州守自號霽窗晚年更號牧隋翁詩文豪健有煮石吟稿若干卷多散佚不存、施

芸隱宋吳文英夢窗詞集木蘭花慢題云施芸隱隨繡節過浙東作詞留別用其韻以餞又八聲甘州題云姑蘇臺和施芸隱韻

莫崙至順鎮江志卷十八崙字子山揚州江都縣人居丹徒咸淳四年登進士第　絕妙好詞卷五有崙詞四調又卷七有周密與莫兩山談邗城舊事踏莎行一調正德丹徒縣志崙號兩山

詞集俱不存

獨芸窗詞幸有全帙耳提要以其詞壽壑相者語多諛頌譏爲塵容俗狀詆之曰陋未爲平議如趙孟堅之文提要謂爲其彝齋文編有投泉使賈秋壑啓固亦云有姬公握髮待士之美矣劉後村大全集賀賈相啓賀賈太師復相與再賀平章諛詞諂語尤連章累牘直以似道爲伊周武鄉藎臣應酬之作此等固可置不議耳嘗質之吾友楊子勤鍾羲請爲弁言論其詞品子勤條其忠義憤發諸語謂其繫情舊京與稼軒於湖互相映照又謂白石隱秀芸窗透露而心期不二其論足爲芸窗表微而詩苑衆芳復載芸窗詩四首芸窗孫紹文詩九首元道詩五首詩苑衆芳云華陽張氏名紹文字庶成父號樵寄翁芸窗之子又一名元道字道元號煙霞子一號益齋樵寄翁之子語意俱極清超是其

祖孫並擅詩名尤爲吾邑藝林嘉話也此詞載次了翁韻詞有青玉案三首今檢鶴山詞韻均與芸窗所次者不同又次虛齋梅詞韻二首附載虛齋詞與侯刻本字句多異宋趙以夫字用父號虛齋福之長樂人淳祐間官至吏部尚書康熙間錫山侯文燦編十家詞集有虛齋樂府一卷此詞孤鸞次虛齋梅詞韻載虛齋詞幾點殘星細萬里春風到侯本作自照疎星冷祇許春風到又但迢迢滿江煙草滿江侯作滿汀又記當年曾共梅花笑侯作曾共花前笑又燭影搖紅再次梅詞韻侯題作小春不作梅詞又載虛齋詞三分歷日一分休侯本作一分作二分又雲模低垂不捲捲侯作展朔風吹斷邊聲遠斷侯作到又水龍吟次韻虛齋先生雨花宴侯本虛齋樂府有水龍吟二調一次周月船一次李起翁中秋皆與芸窗韻不合霽窗詞至順鎮江志卷二十只載其摸魚子題多景樓壁一首此於浪淘沙次韻孫霽窗制參雨中海棠又木蘭花慢次韻霽窗賦牡丹又安慶模下云和霽窗此於宋人詞集又有雠校參稽之益余是以樂爲揚搉者也戊午季夏月二十二日丁丑丹徒陳慶年跋於見橫山草堂

山樓

宋施芸隱
勸游稾
一卷

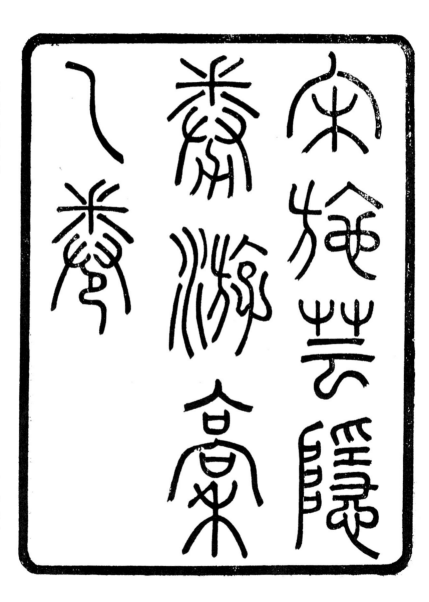

甲寅季夏
橫山草堂

芸隱勸游藁自序

余下壬辰第始學詩閒吟殊未與意合甲午往來錦谿或自家山趍京城萍汎不覊每多感賦至市橋見月之句若有悟解及乙未秋入吳攝庚臺莫丙申秋復過越訪東吶先生坐又少暇日搜故篋得五言七言絶句可意者僅百篇題曰勸游藁嗟夫自三百篇以後無詩騷乃詩之變五言又騷之變余何者輒敢言詩然性嗜詩時發於機動籟鳴亦不自知其僭姑以識後日所學之進否云浮玉施樞書

芸隱勸游藁

浮玉施樞知言

立春

雪花風細拂春旗一色雲邊漏暖曦羣吏守文行故典長官書祝致新祠土牛底事遭身碎綵勝隨時把鬢欺爭似野人閑可睡枕邊搔髮自吟詩

感春

等閑羈旅欲歸難又見蔬盤簇綵幡九十日春從此始萬千心事對誰言梅邊粉墜寒香骨草際青歸野燒痕且把一盃酬好景花風今日已翩翻

春前一日雪

曆頭只有今朝臘猶雨霏霙滿太虛六出試妝梅欲妬萬花

飄絮柳難如雲凝慘送元冥旆風舞歡迎青帝車始信春工多富貴便堆白玉滿前除

春多日

春到谿山已近旬尋春猶自負深情愛閑長向梅邊立趁煖時從竹下行苦乏詩材無可借更嫌酒病有餘酲算來豈是因名利纔有關心便不清

贈湖邊柳

亂撒鵝黃拂曉晴天涯多少故人情遊船空逐輕陰轉半屬春風半屬鶯

夢遊徑山值雪擁鑪賦詩

雪天元自冷何況是山中（此聯是夢中句）雙徑衝寒霧千林戰晚風室中人已定鑪內火常紅萬事皆如夢誰知夢亦空

次蒙齋至日韻

試檢清臺曆黃宮氣已回功名難强致歲月任渠來雨逕猶存菊煙村可問梅爲貪吟有伴到此又徘徊

玉泉

水蹟無增減從知地有靈羣魚潛異窟一芥納滄溟濟隱新留詠超師舊講經聖時調玉燭龍睡不須醒

老僧念佛

身世皆空境知空自不悲何須臨暮日逐急念阿彌裴相安心際維摩懺罪時同歸無有地明月在秋池

和菊潭韻題秋潭買山圖後

身世如萍漫浪休機心誰遣訣沙鷗從來風月驚人句即是湖山買屋謀訪友定尋雲外寺攜壺須上竹邊樓知音自有

漁樵侶莫被人稱第一流

對雪

怪得連陰不放晴直教飛雪試輕盈風回冉冉霓裳舞雲暗紛紛鶴羽明大似梅花饒一出薄於柳絮更多情披衣端爲詩催起吟得詩成分外清

霸國祠

類說中有及臨安縣土地始末者城狐社鼠妄自依憑可愕而怒也及來錦溪因式是祠三肅而薦之以詩

瓶笙驚晝睡此意有誰知蛙井成何事鴻圖豈易窺一身雖戮辱萬姓免瘡痍茅土今何在惟存霸國祠

早起

早起看花露西風把鬢欺心清多在道夢好亦成詩過但思求己生無事皺眉功名緣底事到手卻如遲

漕闈揭曉後述懷

畫眉深淺與時殊肯向堂前怨舅姑自是吾儂多蹇薄可堪爾汝肆揶揄心知不是池中物眼獨羞看屋上烏得喪總爲身外事不如委命樂樵蘇畫眉事出朱慶餘詩

聞鴈

飛盡沙田到水鄉年年來往爲誰忙祇貪月夜蘆花宿不是將身傍稻粱

通眞觀

袁都錄自號凝安御書扁其堂舊有桃源洞今蹤跡湮沒不復可攷

不到凝安二十年丹青一幅尚依然青牛已去仙蹤遠卻有

山禽下玉田

桃源事已成荒幻那更形容學避秦欲訪舊蹤無處覓滿山花落不知春

泛月夜歸

短艇衝寒泛淺沙滿溪明月浸蘆花忽驚遠岸鐙光發籬落蕭疏一兩家

龜溪市橋見月

樓臺疊翠遶清溪淺澹雲邊月一眉行到市聲相接處傍橋鐙火未多時

寄寶藏璧天瑞

路轉小橋東羣龍擁梵宮荇花明晚水蓮葉向秋風匠斧應休役禪窗定費功笑他塵俗者客路每悤悤

夜寒有作

可怪輕寒薄短衿起來搔首傍鐙吟百年易老風前鬢萬事難侵水樣心鴈叫雲天秋渺渺蟲鳴露砌夜沈沈朱絲自寫無人識一曲寥寥太古音

入京

何期又泛玉京船行止於人不偶然寒力勝如前兩夜世情熟似近三年衹將興味留詩裏苦乏工夫到酒邊萬事看來忙不得衹須委順樂吾天

憶孤山

孤山不是遠衹隔鳳城門爭賞詩家句誰招隱士魂秋風林下塚寒月水邊村擬待梅花發長吟酹一尊

小樓獨坐用菊潭壁間韻

簾捲疏風入小樓夕陽銜鴈欲西流無人細說吟邊事獨有黃花共晚秋

別高家店

獨抱朱絃識者稀湖山與我獨相知煙迷柳岸經行少月照梅窗做夢遲酒價寒高誰與貰衾緜夜薄自多思歸舟又值商量雪好似清溪訪戴時

夢回

銀漏迢迢箭緩傳夢回月在早梅邊小池凍合寒蘆折應是鴛鴦夜不眠

馬上

祇爲谿山有宿盟兩旬兩度此經行馬嘶險逕霜蹄滑鷗舞平沙雪羽輕豪氣不從塵外減新詩偏向道間成梅花似有

相迎意野水籬邊數藥明

讀眞西山奏疏

戎狄從來不可憑誰令漢祖議和親連衡休易從游說厝火當憂臥積薪黜在淮南謀自寢亮亡司馬志方伸本强始見遐衝折信是經綸直要人

新月照雪

等是尋常月因添雪更明看他同樣白與我一般淸睡鶴應難認棲烏亦屢驚梅花仍有意相伴聽寒更

雪晴

送臘終宵舞知春破曉晴燒痕隨草長霽色映梅淸溜滴簷聲折冰開沼鏡明夜窗如對月還又憶輕盈

對雪

誰使霓裳逞細腰隨風盡日袂飄飖飛花卻訝春將徧舞片還驚凍易銷看熟似同鷗過渚興仙剛道鶴沖霄吟成誰與相酬酢賴有疏梅伴寂寥

正月十四夜

覊游偶值上元時蓮豔燒空照錦谿堂上珠簾如水浸庭前鼇架與山齊風傳鼓吹春聲鬧雨過笙歌夜語低自笑蓬窗勤苦士何當太乙爲燃藜

新晴

寒窗寂寞度殘冬接得春來雨又風芳思悠悠空自遠清游款款與誰同林梢淡抹煙初靄菜甲新抽土旋融多謝殷勤簷鵲舞數聲足喜夕陽中

分韻春字

柳外鶯聲錯喚人小樓唫苦不知春落花飛過秋千去一片閑情客裏身

綠字韻

曉帳香銷閑畫燭夢回山斷屏風曲輕煙細雨客情多南浦草隨新漲綠

書事

閑時但覺求人易險處方知爲己深世事盡隨流水去白雲自識古人心

所見

齊眉沈醉綺羅叢心事誰知付去鴻不惜千金留粉黛更無一語怨東風

閨思

簾底臨鸞惜歲華鬢雲慵掠寶釵斜落梅香斷無消息一樹春風屬杏花

湧金門外

柳絲舞困起炊煙羅綺相催欲上船貴冶亦知春有夜煖沙還付白鷗眠

春夜賦小字

岸桐花開春欲老目斷斜陽芳信杳東風不管客情多杜鵑嗁月青山小

再行湖上

樓臺萬疊照斜暉紅褪園林綠漸肥豔是杏桃開過了春風吹到野薔薇

小樓對月

京國誰曾念旅游閑情芳思兩悠悠卻因今夜闌干月引得
春風上小樓

晚望

芳草迢迢客路長柳邊吹絮燕泥香桐花折盡春歸去猶倚
危闌問夕陽

再賦酬吳翰潭

酌酒酬春醉晚紅誰知書劍兩無功漁竿冷浸半絲月牛背
閑消一笛風仙夢不隨狂蝶亂家書祗倩素魚通友聲更擬
遷喬去底似人情較異同

覽鏡

心到無營本勸游何期身又客王州匣藏青鏡閑情薄衣染
紅塵滿面羞風月幾曾於我少波濤半是爲人憂故山幸自

堪耕釣不必生涯足是休

牡丹

天然貴格鎮羣芳細雨叢中試寶妝肯與亂紅爭國色甘同柔綠挽春光玉闌倚困嬌無力金鴨沈煙不敢香可惜承恩亭北賦苦無妙語告君王

留別詩僧

家山方繾綣客路復西東自念依明世誰令策雋功三盃桑落酒一棹柳花風別後詩應好吟成寄短筒

送春

相逢九十日彼此惜芳期折柳停閑騎嚼花吟好詩經年行遠別對景起深思日落不知處四山唬子規

懷友人

錦野重來已秀萎雨肥梅杏粉痕銷晚山四面子規叫曉樹一聲婆餅焦耐久交當如水淡慣游身亦似蓬飄老鶯不省春歸久猶自教雛學徙喬

後鴟示璧天瑞

幾年不到已公齋客裏明知未定家生滅無邊方共語滿山春雨落松花

即事

暝色分煙上遠峯雨聲斷處又晴風賣香羞冷閑情遠落盡薔薇一架紅

簷玉鳴

曉窗風細響簷鈴一曲雲璈枕上聞夢斷不知仙路杳鶴銜松露入青雲

東天目

三潭之下有九溪之隔三潭之上有百丈瀑泉之勝飛橋之險涉深攀緣止到第三池上兩池及飛橋則無計可觀所以限仙凡也又有東西二井石室朝陽三洞黃冠厭人游覽不肯指引僅披榛莽題名朝陽洞中

不辭巇險訪龍潭潭底無窮碧似藍亂石鳴灘谿過九飛泉瀉瀑塹分三雖然道士能相引不比樵人得盡諳惆悵飛橋無路到乘風應許御雲驂

不謂山行得此晴有名勝處必須經玉田草滿春無極石室人稀夜不扃自料俗情應厭勸誰知幽意在空冥碧桃卻似傳消息一曲瓊歌月滿庭

西天目

苕水之源出此山地如郡會始躋攀三池浚澤高岡上一勺

爲霖反掌閒者脚不知蒼漢近無心直共白雲閑何時結屋枕泉玉滌盡塵根學大還

題朝陽洞中 東天目

一吸龍泉萬慮清更尋古洞入柴荆桃花落盡春無路獨許騎鸞上玉京

題至道宮雲巢軒 西天目

碧得路底作生涯雲亦何曾定有家月印天池心宇淨水鳴環珮出松花

別天目

東尖森洞穴西目浚淵庭三日若爲霽羣龍亦有靈立依松作蓋坐倚石爲屏猶恨歸鞍急回頭望遠青

聞西山訃音

𢑴到斯人處天心亦杳冥嘉謀猶未罄直道信無靈四海方
思雨中营忽隕星羣賢知孰附客泪欲飄零

芍藥

雖殊桃李競年芳色相惟應付夢鄉綸閣曾看金縷豔藥宮
初試玉樓妝露凝深淺煙中淚日汎温柔雨後香幸蜀歸來
花正好可憐不忍看嬪嫱
天女霜刀翦亦難露紅煙紫碧闌干步摇衣袂飄霞珮鈿合
釵梁閙寶冠枝上任他無力笑鐙前還作有情看呆根若可
蘇民病始信無經載牡丹

玉蝴蝶花

芳意深深掩綠苔粉團香翅自裴回多應又怨春歸早化作
飛花滿樹開

小瓊花

臨安縣齋山花一株四月盛開無識之者效樂天招賢寺花體以小瓊花賦之或謂婆羅花

合是孤根在廣庭世間那得此雲英霓裳一曲天香散惆悵瑶階月自明

午瘳

舊詩零亂滿藤牀綠映簾深一縷香午瘳驚回槐國遠浮生消得幾斜陽

道間

一溪新綠漲晴沙傍岸疏籬八九家桑葉又抽麻正長綠陰深處響繅車

再觀錢廟

荒碑五丈蘚生花飛鼠巢梁壁綴蝸華胄遥遥天下滿不知

芸隱勸游藁 十

誓券落誰家

牆外竹

森森新竹亞牆屏鐸解餘斑粉淚零幸入詩家窮相眼可能不爲此君靑

題鶴林丈室用俞紫薇韻

物我相忘付八還坡詩偶來瓊館扣霞關玉峯自有三生約玉蘂花事塵世眞同一夢閒華表風淸丹頂去緱山月冷碧笙閒當知象外機無息肯羨黃金繫九環歐詩

五到洞霄兼似沖妙

多謝名山不厭人五來此地著閒身泉聲帶雨驅煩暑空翠縈風絕點塵金鼎火能知應候玉壺花自占長春何時許證三生約乞借煙霞與卜鄰

楊蟾川鐵佛普度會甲午冬

重陰九壘幾曾開廣布陰功亦異哉八景定中朝十極五雲深處步三台煙騰綠字鸞初下月照黃壇鶴未來去地一珠如黍米天人競湊鬱羅臺

煒燁神光燭素屏苦魂蒙度語堪聽但知實相皆非相自證無形入有形火鍊赤鑪超上景水流華沼蕩寒庭功成試問誰能似元子真人舊典刑

夜泊黃灣

移近黃灣泊短篷野雲垂地一溪風渚香吹散荷花雨幾點流螢出葦叢

夜涼聽雨

暑雨沈沈夜正深涼欺客枕夢頻醒雖然未是秋時候滴在

梧桐亦厭聽

西河柳

一把輕絲拂地垂柔梢淺淺抹燕脂絮花吹盡枝方長卻恨春風未得知

三過垂虹

秋來三度過垂虹灝氣橫江水接空帆影輕浮千幅月漁竿冷浸一絲風楓初落葉前村近荷有餘香別浦通笑拍闌干天地闊鱠鱸樽酒許誰同

滄浪

長史遺蹤二百年直教名字到今傳渚香細浥蓮鬚雨野色輕團竹尾煙但得幽情關水石何須隱迹遁林泉客中正有塵纓在來此清遊亦是緣

水次秋蚊可畏

利觜似花鷹鍼膚不暫停有生何蠢蠢藏毒在冥冥亂舞迷昏水喧聲接曉汀風威秋晚勁看汝易飄零

中秋日虎丘呈廣使東畎先生

蹇步接軿軒於山亦有緣劒鋒遺斷石閣影倒平田紫日穿林暝黃雲共野連清輝無著處月伴使星圓

清夜

客身隨取止一室冷如冰景遠吟何託情疏夢不曾雨黏初蘚壁風謝欲花鐙豈是無家者甘為有髮僧

客中雨思

細雨黏雲結晚愁黃金垂地菊錢流風來不覺窗聲戰分卻羈懷一半秋

聞鶴

誰家嘹唳九臯聲客夢初回曉帳清華表不知仙路遠剛隨寒角轉殘更

秋夜卽事

斷雨寒雲過暝窗落桐葉葉是淒涼楚山不入清宵夢月影蛩聲滿桂鄰

對菊

欲荒三逕負歸期魂夢何曾到短籬九辯不歌陶令老清香還許入誰詩

開鑪次夕以不禁離抱來訪宏菴挑鐙細語漏促忘歸卽事有賦時黃澹翁在焉

客裏情懷不自如夜深來訪子雲居挑鐙細按新翻曲拂桊

同看舊架書梧葉敲風蛩砌冷菊香銷雨鶴庭虛相逢且與開眉笑莫遣吟邊酒琖疏

雪

祇消頃刻便漫漫人亦求窺造化難柳外情知非絮落梅邊誤作有花看朱門合席持杯煖紫塞分屯坐甲寒慨想英雄當此際肯分事業與袁安

賡庾使和毛君玉送墨梅韻

東風吹上蒧寒枝筆下工夫頗涉奇此操直應同晚節有香亦合伴冰姿淡於淺水籠蟾夜清似疏籬壓雪時春在小窗橫幅裏調羹深意許誰知

蠟梅送東畂先生併寓探梅之意

澤國寒深未見梅東風何日到南枝玉堂應有新消息恐是

人間未得知

劍池

雨壁煙崖翠蘚長龍泓冷浸斗牛光獨憐有水清無底不洗花池粉膩香

生公講臺有點頭石

千人湊座雨天花片石雖頑識當家萬境俱空非有相漫留塵迹與人誇

寄陳藏一

萬人如海亦紛紜還著江湖有限身題葉恨深波影遠嚼花吟苦月痕新羨君朝市情俱薄笑我山林趣未眞名勝搜羅能盡否細論何日許相親

送同幕劉正父召試

合是冰壺貯露寒果然筆札對金鑾雖云經世談何易謾道憂時事轉難正氣必能回壞證中流當與障狂瀾熟知議論平如砥且把清規作樣看

紹興城隍廟

芸隱以東畈先生命來游再會時星夕後一日問宿江干明晚西陵渡忽夢登一山上有祠宇甚偉下瞰數峯奔伏於前面一小峯峯立一塔數水橫陳清徹可愛趨後廡見一婦人立於西廂謂余曰公前身乃太湖神仙也回視東壁皆丹砂顆粒璘明因取十餘塊吞之冷然而悟茫怪荒幻初無足紀適謁東畈令暫止于府貳之南廳翌日書院諸丈攜尊慰藉便道訪西園徑城隍廟俯觀卧龍山勢起伏前對秦望下有應天塔庭宇壯觀髣髴夢中經行處因以中元日款祠下三肅賦詩城隍姓龐諱玉唐人曾鎮此土

江頭曾夢見髣髴此山川幻說從何證來游即是緣嫗言前世事我是太湖仙神理俱冥漠清香謾致虔

借張憲韻述懷呈東畎先生

早起看秋意山前深未深水香飄遠渚晴色上平林風雨一雙鬢江湖萬里心何期來此地時作短長吟

初泊世綵 紹興南倅廳

不問蕭條傳舍空來欹客枕聽西風一庭明月無人見秋在梧桐落葉中

早起

簷前鳴玉響丁東清夢初迴鶴帳中早起井梧飄一葉方知昨夜是秋風

風雨

入夏惟憂旱秋來卻浸霪風聲連海響山氣與雲深望歲丹心切憂時白髮侵旅中無別事隱几自長吟

禹廟

袞服嚴常祀平成萬世功圭璋藏道室弓劒葬幽宮石定音釘
今猶在梅梁事莫窮幽尋須作計多恨雨悤悤

高園

入門雖較小中卻是壺天委曲松篁逕淸新錦繡篇蟠胷有
丘壑隨處是林泉更讀巃峯句風流似謫仙
扁名俱不俗難得此規模一鏡荷香冷四圍花逕蕪沼寬魚
自樂竹靜鶴同孤傲盡東州景何須作畫圖

夢前室

長夜幾年別傷哉千古心自因緣較淺不是老相侵態夢如
先兆鸞膠豈續琴曉窗秋葉響不覺淚盈襟

西興寄呈東畎先生

生平未始識東州不謂招邀得漫遊南鎮門前秦望曉西興
浦口浙江秋風搏怒氣潮初落山湧青溟雨乍收豈爲登臨
重回首使星祇在五雲頭

芸隱勸游稾終

宋施芸隱橫舟稾一卷

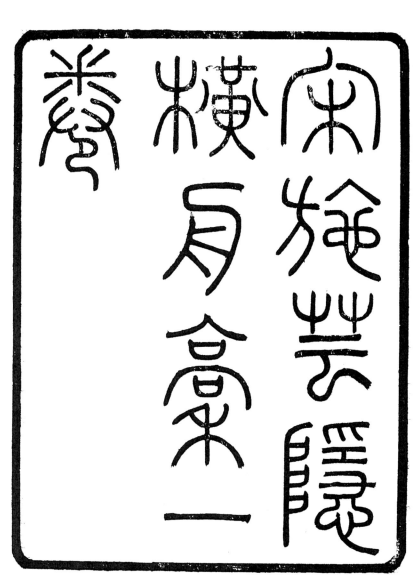

甲寅仲夏

橫山草堂

芸隱橫舟藁自序

樞丙申冬趨浙漕舟官成小廨泊崇新門外傍河依柳髣髴家居剡剡之餘時作一二解殊自適丁酉鬱攸挺變場地焦土轉徙不常修繕御前諸營投身竹木瓦礫中奔走不暇及涉筆冰模塵埃益甚經年僅得十餘篇非曰忘之勢也戊戌秋捧檄東越鑿石障江因登蓬萊抱秦望探禹穴訪蘭亭上會稽中峯謁陽明洞天山川之秀陶鎔胷次閒唫一聯自謂可意故所得最多亥春旋莫董築江隄淸事始盡廢矣嘗觀銀濤萬疊瞬息去來翠山數點空遠呈露非不足以發雅思而動雄心而無一語及之者亦勢也歲晚壩岸成樞秩適滿裒集舊作共百二十題先正詩云野水無人渡孤舟盡日橫與樞官業偶同遂命曰橫舟藁嘉熙庚子元日樞書

欽定四庫全書總目

芸隱橫舟稾一卷芸隱倦游稾一卷

宋施樞撰樞字知言芸隱其號也丹徒人嘉熙時嘗爲浙東轉運司幕屬又嘗爲越州府僚橫舟稾首有嘉熙庚子自序一首倦游稾前有丙申自序一首考其紀年倦游稾當成於橫舟稾前而原本以橫舟稾爲首厲鶚宋詩紀事亦祇載有橫舟稾而不及倦游稾蓋以橫舟稾篇什較多故以爲主而倦游稾特從附載之例也宋人編江湖小集已收入其詩此乃其別行之本別集中有漕闈揭時後述懷一首蓋當時曾舉進士而未第其自序稱范莘汜不羈每多感賦至市橋見月之句若有悟解今考集中見月詩云樓臺疊翠繞淸溪淺瀞雲邊

月一眉行到市聲相接處傍橋鐙火未多時亦屬尋常
賦詠未見有超詣之處不知何以矜詡若是至其他登
臨酬贈之作雖乏氣格而神韻尙爲淸婉在江湖詩派
中固猶爲庸中佼佼矣

芸隱横舟藁

浮玉施樞知言

輪差祝聖所拈香

瓣薌來謁玉晨宮月在觚稜絳闕東轉向御街西畔過朝天萬馬正悤悤

幾度來游幾賦詩又因將命到靈芝三呼祝了君王壽偷眼湖光立片時

至日謁廟吳山見日初出

曦龍浴海上扶桑雲表輝芒燭萬方史觀繽紛書瑞色禁城樊燁鎖祥光從知繡綫添紅影獨喜丹心向太陽節裏官閑無一事諦觀易道靜焚香

廨宇傍河髣髴家居

合是清谿近處居在官卻與在家如柳風拂岸時鳴櫓梅月橫窗夜讀書休問舟閑無喚渡須知水到自成渠俸錢已足供薪粒比著篳瓢儘有餘

昨夜

昨夜陰風刮地鳴亂敲窗紙夢魂驚壁寒剝落泥成片屋老漂搖瓦作聲野市霜明人蹟險官河水冷客舟橫飜思帶甲眠戈者何幸跧身傍帝城

月夜憶梅花

夜深寒月照窗紗忽憶林逋處士家鷗鷺正眠煙樹冷不知誰可伴梅花

生朝報恩夜醮

絳節翩翩七寶車謠歌飛上玉皇家鶴壇月冷天風靜閒盡

碧桃無限花

菊潭賦小窗睡香次韻

兀兀蒲團萬慮除定回寒月滿康廬幽香自有禪心會春不相知亦任渠

夜聞城中簫鼓

簫鼓喧天競看鐙都民應喜見昇平芳心自不同年少細嚼梅花坐月明

和東園鄭震見寄

薄宦來京洛相逢久更親丹心期爲國白髮易催人月冷烏驚夜霜明雞唤晨吟邊頻自感還染九衢塵

題桃源圖

山中與世不相關雞犬桑麻盡日閑傍水桃花春爛熳誤傳

消息到人間

和菊潭玉泉韻

不是靈源透碧虛可容六六化龍魚講經人去前湖瞑翻手爲霖自有餘

酬瓜疇趙鑪夫投贈

謀生百拙世無奴贏得心清剩讀書薄宦喜從京國路閑身還似野人居濟川事業歸商傅獻賦聲名羡子虛歲晚且留梅作伴吟邊月冷一枝疏

仲孚歲晚書懷因次其韻

終有徵書訪綺園心期獨向老天言物情已逐東風轉未必全歸野燒痕

端申除夕

宦游來此亦隨緣過了新冬又餽年今夕桃符猶自寫明朝柏酒讓誰先但令世道皆平地此外身名任老天春與詩家如有意早傳淸夢謝池邊

嘉熙元日

先春一日紀正元熙號初更氣候暄萬象光隨黄道轂千官班湊紫宸門梅迎霽色來窗底柳挽和風到水根但願時平年事好升湛有命不須論

立春

彩勝飄香上鬢蓬倚欄一笑問東風靑靑柳眼梅花面纔染陽和便不同

雨後道間見紅梅

玄都境界玉堂身輕裊湘裙步曉陰昨夜雨肥添酒暈紅情

染得十分深

盆梅

白玉堂前樹誰移此地栽看教清意足喚得豔陽回舞片疑雲墮留香待月來祇應標格好獨爲歲寒開

春雪

臘裏霏微未許多春來舞片卻交叉混成天地皆同色點染園林盡著花岸蹟雲凝迷去鷺屋頭煙煖見飢鴉東風畢竟能融化不放寒澌冰去聲柳芽

再雪

投曉又飄飛春風亦被欺須知寒徹夜勝似臘殘時豔粉同梅落輕花替柳吹渾然成片玉凍合在前池

題龍首圖

變化成來體勢高坐令幽思起雲濤春雷一鼓驚頭角碧海風輕袞綷桃

落梅

粉香銷盡骨猶清望斷瑤臺轉有情便是百花無此分看看事業到和羹

桃花

武陵人去水橫陳獨向玄都管領春日煖風輕塵撲面劉郎空老苦吟身

宿接待寺

梵境忽巍峩門前對市河有心弘誓願於此接經過郭近人聲雜簷高雨氣多規摹踰百載猶說喻彌陀

宿龍泉寺 有葛仙丹井

旣濟功成列左玄餘波猶作世閒泉苔荒碧甃龍宮寂庭老
梅花月在天

　　橫瀆岸邊梅花方開

雪染梅花倚道傍亭亭野水弄幽芳東風似賞孤高意未許
飄零一片香
竹籬茅舍本相安誰與移根入畫欄儘道重簾妨暖日疏枝
卻得護春寒
風標夐與萬花殊可有塵埃染得渠把住瓊枝相晤語祇疑
身在玉堂居

　　和陸明叟

了無閑事上眉纖一炷清薌靜畫簾造化自從回燠律芬華
頓覺轉窮簷輕風度柳春情薄細雨催花土脈黏所愧微官

梢東縛何因共訪酒家帘

夜窗聽雨

一炷夜香清挑鐙聽雨聲雖然添客夢卻可助詩情澤沁蘭心重泥酥筍角萌山行頻有約日日候晴明

破榴

蜂殼盈盈萬顆珠潤於碼碯浸冰壺吟心先去聲自清如水嚼了寒霜骨更臞

登應天塔

雲級湧青冥金鼇載寶輪地高心自逸天近足無塵圖畫千蜂晚樓臺萬井春三生許元度曾此證前身

雙路

王命驅馳不敢輕文書要覈去來情青山步步生幽意碧澗

悠悠趁遠程春淺禽聲猶自小泥酥馬蹟正宜晴地名見說名雙路便舍崎嶇就坦平

寶際窗前睡香

瑞錦窠應對錦郎誰將靈種到幽坊山深月冷梅花老壓盡羣英是此香

石橋接待

當年立雪直齊腰宗旨流傳到石橋風急窗寒鐙影遠疏梅無語夜薌銷

手筆華嚴梵筴新更開寶地接迷津一聲金磬人初靜月照空山草自春

聞寺中曉鼓

靈鼉一鼓振潮音征夢迢遙枕畔聞語斷頻伽天正曉松風

吹散滿山雲

跨水道閒

店舍總迢遙山深轉寂寥看鷗臨遠水下馬過危橋晴雪林間少春風野外饒此行爲王事旅食任蕭條

峮山鋪

未說路行難山深分外寒晚村林隱寺春磵石鳴灘薄宦曾無補勞生敢自安羽書雖較少備禦莫教寬

杏塘

境接江東界郵程是杏塘雨喧茅屋小泥滑草橋長曠野人稀少平田水渺茫半生遊歷地未若此荒涼

四安梵惠藏殿 記云曾經兵火不能焚法輪自轉

劫火不能焚空中轉法輪風霜鴟殿古金碧貝函塵物本由

成數人言不壞身卻憐無問者遺蹟竟成陳

上司諫曹先生

聲名滿世重於山果見延登左掖班天子虛心求國是先生著手濟時艱要看出處諸公上祇在精神一轉閒前此極言雖引去安危理亂正相關

池萍

一番雨過一番多閒挾晴風漲綠波柳絮吹殘游蹟在謝池點點是陽和

分賦楊花曲字

纖腰睡起芳情足誰道春風淚拘束日暮天涯細草多輕飛誤入闌干曲

雨吟

園林綠盡合清和猶有餘寒在薄羅幾縷清風春別柳一庭
苦雨夜鳴莎人於生處窮通定事到難時感悟多水上浮漚
頻起滅看來物理總由他

夜坐有感

不爲名所累應是得安居客夢方知幻身謀反似疏風高秋
塞遠雨急夜窗虛猶望收來效頻翻舊讀書

送黃溱遊金陵

六朝多舊事誰與問江山我亦身重到材疏語竟慳燕歸秋
巷靜鷺去晚洲閑健筆無輕賦前賢轍可攀

酬山月江與投贈

帝里風光好隨緣適宦情卻居城郭外不雜市廛聲水國霜
天冷梅庭夜月清正慚無雅韻敢說到詩名

鰻井

在應天塔後羅漢堂舊聞有泉透海後爲婦人所穢今枯涸矣下即濮邸園廟

人言此井有靈源潮落潮生透海門陵谷未須窮變易朱甍裏是濮王園

大能仁寺 山門八百餘年戊戌秋震於風雨

規模應甲刹殿閣擁金仙歲歉炊煙絕城低野色連客僧皆散去主者獨安眠成毀難逃數山門八百年

留滯

何期蹤蹟又遲留行止於人自不由夢境固知空似蟻生涯卻笑拙如鳩碧涵一鏡晴天闊翠湧千峰宿雨收從此公餘須杖屨未應草草度春休

曉寒

曲曲屏山憶夢中峭寒成陣入簾櫳宿香銷盡金猊冷一樹梅花怯曉風

晚思

客思悠悠幸自安亦因吟事可相寬小窗過了簾纖雨細與東風説晚寒

按以下缺

用明叟韻併寓山行未成之意

久客住蘭亭心同晉水淸忘機盟宿鷺伐木聽雛鶯物亦知人意春寧有世情幽尋空作計一夜雨連明

苦雨

何期一雨成三日約客行山竟未能春到分時陰不解夜當深處氣猶凝簷低捲箔看飄灑礎潤添香散鬱蒸想見故園梅落盡和羹消息又堪憑

雨中用雪坡韻

無計酬春獨有詩倚欄終日候晴暉東風漸屬新桃李簾幕深深燕子飛

雪坡以雨阻山行有詩因亦次韻

爲欲看山助眼明頻占鵲喜報新晴春光已過三之一塵世

難逢四者并詩酒深情殊未適肴蔬薄具亦頻更終來不似西湖好晴雨皆堪傍柳行

月丹　和鶴莊韻

靈種飛來鶴頂紅誰云九轉有仙功廣庭曾侍東風宴留得霞杯照晚叢

禹廟

且要盡情懽須知一出難人因晴後喜春到水邊覓柳長官橋媚梅飄客袖寒荒祠存禹蹟得得又來看

鏡湖一曲

天與平湖老賀郎春波依舊染晴光可憐千載風流意付與租符曉夕忙

用雪坡春色韻

纔出城門興便濃晴光野色兩俱融柳方染得三分綠桃已熏成一半紅山湧林巒荒寺隱湖分港汊小舟通相攜各自論年事幾度春風上鬢蓬

用梅溪鏡湖韻

畎畝鏡中分滄波雜斷雲向來官裏賜今屬野人耘懷古天難問貪吟日易曛羽衣遺傳本起誦想餘芬

天基瑞應宮 舊號聖地

金碧耀瓊廬天開繞電區烏流周室瑞蛇斷漢家符石井騰曦馭瑤壇布斗樞願將皇極福敷錫徧康衢

送東浦張應發歸永嘉

客裏偶相逢襟懷亦偶同對梅唫夜月折柳問春風子勿言浮梗余方笑轉蓬歸程經鴈蕩得句附郵筒

芸隱橫舟藁

碧桃

月浸虛庭夜未央一枝靜對白雲鄉三生自結玄都約來伴
疏棵到玉堂

一春屢有陽明之約雨輒尼之將旋幙侍外舅來游
薢茩二羽衣一能參上道一能知大丹竟日留話喜
賦二解時淸明日也

幾有行山約山靈聖得知仙家寧易到塵世亦何爲草潤非
煙石花流止水池不晴還不雨正是賣餳時

裂石未嘗闕毋將俗眼觀虛中元有受造蘊亦何難羽客能
談道雲房識候丹祇應仙有分風響步虛壇

道閒見桃李花

東風到處競繁華不問窮櫩與大家垂柳絲中深院宇隔牆

時有出來花

龍瑞宫側訪仙姑不値

輕紅片片落桃花劉阮空迎紫鳳車石洞有天元不閉何須流水覓胡麻

送妻叔歸栝

此身元是客還作送行詩笑語如今度綢繆似舊時買船春載酒翦燭夜抨棊煙雨樓前景圖來慰所思

出西門寄呈外舅姑

自從依監宅不似口時親義重難爲別情同久更眞一篇思去鳳雙璧倚靈椿祇等中除報相迎輦路塵

唐園 内人朝陵此園供午頓

幽居已似水中仙更有亭臺在屋邊擬作小圖難畫處一年

兩駐內家船

覺苑寺

宋江淹舊宅今山門扁爲江寺寺前橋驛驛中井皆以夢筆名酌水涼甚

此是詞人宅名因後世傳驛中存廢井橋下駐歸船一夢空塵蹟千年尙福田筆靈應賸馥試爲酌淸泉

祇園寺許詢舊宅有戚公水

應天曾建塔又此結精廬釋氏緣何熟詩人念總疏壁荒遺畫水僧老學醫書笑我重來者經年不定居去年點木白洋曾駐此寺

奉和龜翁送別

爲說唫邊事曾陪讌笑頻自慚無韻者敢對有名人雨洗秦山曉波明鏡水春悤悤還別去芳草正如茵

蕭山望城中遺漏

見說天文變頻占太史臺但云星犯月不料火爲災盡夜看
煙滅逢人問訊來丹心勤戀闕東鄉極裴回

喚渡旋幀

半載蓬萊地相攜祇是詩心懷丹鳳去夢與白鷗隨俯仰俱
無愧勤勞必有知歸舟平似掌天亦念孤危

芸隱橫舟藁終

芸隱勌游橫舟二槀跋

右芸隱勌游槀一卷橫州槀一卷撰人舊題浮玉施樞知言浮玉爲金焦二山之一名蓋丹徒人也勌游自序甲午自家山邀京城荐汎不爵橫舟序丙申趨浙漕舟官戍小廨傍河依柳髣髴家居其所謂家者殆皆指丹徒言之宋人四明吳文英夢窗詞集有掃花遊贈芸隱云草生夢碧正燕子簾幃影遲春午倦茶薦乳看風籤亂葉老沙昏雨古簡蟫篇種得雲根療蠹最清楚帶明月自鋤花外幽圃醒眼看醉舞到應事無心與閒同趣小山有語恨逋仙占卻暗香吟賦煩通書牀帶草春搖翠露未歸去正長安輭紅如霧卽此二闋可以見芸隱雅致宋人陳起編宋季高逸之士詩篇刻江湖前後諸集芸隱此二稿皆收入其中今桐川顧修讀畫齋本江湖

小集是也錢塘丁氏善本書室有摹寫汲古影宋寫本芸隱二藁丁氏於二藁中有夾籤云滬上見汲古閣影寫宋本精絕可愛借而摹成乃其所著善本書室藏書志徑謂以汲古閣影宋寫本購歸插之八千卷樓實飾言也勌倦稿九十六題詩百有一首與芸隱自序百篇合橫舟稿自十一葉至二十葉皆缺即今刻本八葉晚思題下共缺八葉徑接十五葉者是也存詩七十七首共七十三題較自序百二十題少四十七題皆在此所缺十葉中也而第八葉末酬山月江與投贈帝里風光好一首今刻本在七葉前半原鈔與下葉竹籬茅舍本相安二首相接此二首今刻本在四葉後半前係五律後係七絕體製既異詩之語意又復懸殊此必非芸隱原次如此讀畫齋本以竹籬茅舍二絕與上五律一首空隔一行蓋亦知與酬山月江與投贈之作疑其非一題也考南宋羣賢小集舊鈔本亦見善本書室藏書志周春藏本橫舟稿橫瀆岸邊梅花方開題本

有三首第一爲雪染梅花倚道傍一首第二爲竹籬茅舍本相安一首第三爲風標貿與萬花殊一首此三首皆是七絕其下接以和陸明叟夜窗聽雨破榴登應天塔四題四題之下即與雙路題接今影寫毛本橫澶岸邊梅花方開第一首適在五葉之末下隔六七八三葉自雙路題起至酬山月江與投贈題止即今刻本五葉前半十一行起至七葉前半十二行止共十五題乃接竹籬風標二絕則此二首遂在第九葉之起四行毛影宋本每葉前後共二十行行十八字與上葉帝里風光好一首竟其爲一題矣此由宋板於三四葉閒誤排其一無人是正遂成此謬今依周春所藏舊鈔以此第九葉即竹籬風標二絕與和陸明叟等四首也今刻本在四葉後半六行起至五葉前半之十行止移前作六葉使與五葉末之橫澶梅花詩三絕相接則自來糾紛之原次一旦理而董之使秩然各得其所亦讀芸隱詩者一大快事也舊鈔

於御書御前聖所王州等字庾使東畊外舅姑等字皆空格或提行寫讀畫齋本從之蓋宋本原式如此云歲在戊午冬十月十八日壬申丹徒陳慶年跋於見山樓

元龔以敬坿
悔齋集一卷
補遺一卷

甲寅孟秋
橫山草堂

欽定四庫全書總目卷一百六十六集部別集類

存悔齋稿一卷補遺一卷 浙江鮑士恭家藏本

元龔璛撰璛字子敬自高郵遷居平江父潗宋末官司農卿國亡不食卒璛少爲憲使徐琰辟置幕下後充和靖學道兩書院山長調甯國路儒學教授遷上饒主簿改宜春丞以江浙儒學副提舉致仕所著有存悔齋詩稿一卷明朱存理復輯其佚篇爲補遺一卷其詩稿之末至正九年開封俞楨跋所稱永嘉朱先生乃別是一人而佚其名非卽存理也盛儀嘉靖維揚志稱璛善屬文刻意學書有晉人風度蓋亦一時知名士乃篇什所存寥寥無幾當已不免散佚然其詩格伉爽頗能自出淸新在元人諸集中猶爲獨開生面正不必以少爲嫌

矣

郡乘附考

龔璛字子敬宋中奉大夫直寶謨閣司農卿諱潗之子自高郵徙鎮江以宦游久留平江又家焉少聰敏稍長能屬文其詠史有文若縱存猶九錫孔明雖死亦三分之語人皆傳誦之與兄共刻意於學日以微辭奧義自相叩擊其文字交視莫公侖俞公德鄰爲丈人行而與戴公表元仇公遠胡公長孺盛公彪爲忘年友聲譽籍甚人稱其兄弟曰楚兩龔比漢之兩龔云憲使東平徐琰聞其名辟寘幕下尋又舉教官歷平江之和靖學道兩書院山長以累考合格當赴吏部銓故平章政事大名高公參預外省先生以書論浙右役法之弊公得書喜曰公有用之材持文書來我爲君取教授先生謝曰執政大臣以進賢退不肖爲職天下士如某者能一一力

致哉誠推是心寒畯之幸公聞其言愈敬異之御史周公馳檄僉廉訪司事鄭公雲翼交薦先生宜在館閣皆不報用例調寧國路儒學教授秩滿遷主信之上饒簿再調袁之宜春丞歲餘以疾上休致之請遂以從仕郎江浙儒學副提舉致仕平日所著述目之曰存悔齋稿此則出蘇州志朱性夫先生手書於龔子敬存悔齋稿上

存悔齋詩

龔璛 子敬 著

橫山草堂

詠岳王孫縣尉復棲霞墳田

岳鄂諸孫復墓田清明寒食起新煙道旁爲我除蒼檜山下如今哭杜鵑高廟神靈應悔此中原父老尚悽然西湖靡靡行人去卻望棲霞轉可憐

盛庶齋先生初見於維揚程雪樓學士坐中再錄練谿學宮詩見遺次韻

塵世重逢驚鬢鬚世人不滿笑談餘從渠脯胃亦連騎顧我緯蕭寧鍛珠白雪共聞樓上曲青藜誰照閣中書淮南桂樹相攜隱千首新詩酒百壺

嘉定州道中寄庶齋

客夢孤雲散漁翁一帆投入行江路晚花繞槿籬秋有酒誰同醉還家此暫留中年髮盡白豈必爲離憂

爲白香巖州判賦茅亭

手結茅亭隱澗阿香巖行住得婆娑乾坤鼇足立四極風雨漁翁安一簑舊與幽人同此屋秋來杜老爲誰歌宦途想憶衡門事可奈晴簷曝背何

送錢仲昭任永春簿

紫帽雲橫天宇高掀髯爲我拂征袍瘴鄉處處檳榔唾番市年年翡翠毛王化本隨滄海闊縣官常念遠民勞極知簿領非能事試看廉臺舊椽曹

次張菊存除夕見以下缺

記夢二首

渺渺東西南北路，扁舟重載老侵尋。夜涼破夢秋蟲語，一笑平生萬里心。

睡時作夢覺時醒，更欲哦詩惱性靈。緩步行來亘久坐，秋槐花落露初零。

姑蘇驛

閒官此地有逢迎，且向姑蘇臺上行。更與黃花期九日，能消幾屐了平生。秋田垂老歲功急，野聚著寒煙景橫。我憶吳都舊時賦，棲烏渺渺墮江城。

孟潛心先生輓詩

昂昂鶴骨老深衣，耆舊年來積漸稀。京室先傳太任德，海濱今見伯夷歸。士林長望風塵表，心易獨潛天地機。家世源流不勝遠，錫山新壠照秋暉。

送漕府王子方經歷

燕北吳南一萬艘順風天外翼鴻毛碧濤渺渺雲帆穩紅腐陳陳廩粟高此日朝廷多妙選何人幕府最賢勞共知餉饋須劉晏且爲明時坐省曹

次貢仲堅教授江灣行

滄海蜃化樓臺生瑣碎一一不可名夜如何其夜六更是中精異方冥行忽然鐘鼓聲轟鏗我憐混沌死未覺濁惡泥沙埋齷齪珠璣金碧視性命贖貨聊堪付官權洞房珠網鏤象牀重門蘚鋪撼倉瑯魂兮歸來知在亡縱令僵立倚橋柱忍見死者相爲忙百爾君子須遠猷公私慢藏多後憂官庫訶護竟失守豈以尤物無庸留傳聞頃刻飛煙塵天奪鬼偷希世珍重雲寶構亦變滅況復區區迷幻身積蘇累塊驚盲人

送石仁卿南康知事
嗟我與君相會少半生識面不知心如今握手俱頭白避暑攜書共竹陰長爲人材論棄置肯從幕府坐侵尋重聞臺省須佳士且寄匡山大雅音

爲胡則大賦飛鴻軒
飛鴻蹈雪本忘機一舉冥冥何處飛何處能無矰繳在此身肯逐稻粱肥士生獨立萬物表塵世相看千古希爲謝心期嵇叔夜雅琴隨手不妨揮

姚筠庵之越教題雲山圖送之
春煙春雨染溪雲此意正堪持贈君異日筠菴有相憶千巖秀色恰平分

次筠庵題花光梅南卷

歲晚可憐冰雪姿風流隱約未開枝此花南畔幽人住每記陽春初到時

次鄧善之修撰

一室貧逾陋南州暑正煩故人相會處幽草自生萱別夢江湖在浮雲車馬奔寥寥揚子宅元白定忘言

菖蒲石

夢隨涼月過清都綠髮仙人白玉壺塵世何知用無用石田如掌種菖蒲

送方韶卿先生其隱居有存雅堂

處士白雲源槃歌矢勿諼韶成猶及見雅廢更能存偶渡秦淮月相逢吳市門山川又秋晚此意欲誰論

題石民瞻蘭石鄧覺非添畫蘭

石子畫石積墨如山化爲鄧林蘭生竹間我懷古人見此粲者草木臭味日月瀟灑

次張菊存送陳無逸澧陽教

浮雲日東征大江瀉秋晴一仕四千里公無離别情如何我輩人後此百年生茫茫古人飢種葵不盈烹校官非要務顧足煩經營聊爲三徑資殆誤舉燭明欣然便成往分甘爲窮并腹書不及口久矣君不驚儒者坐常格夫豈爭功名亦有下祿隱何妨卿自卿臺閣習漢事誰當慕黄瓊今日南士望我方觀顧榮相與任時運終期白鷗盟

送盛庶齋任衢教

淮南木葉紛然墮大江君挾清秋過遠遊意氣今其始萬折浙江須一葦錢唐看盡生色圖亂山弗辨越與吳老子西湖

詩未了釣臺煙雨是前途雨餘懸瀑玉練飛雜花陰樹芳菲菲經行我憶好晴景碧波漾入青嶂圍地皇灘底駭浪翻篙師歘急爭木猿水亭門外君繫纜此地可著殷淵源石格仙家對誰奕木奴迎霜斗如實攜二三子揮墨汁書來揚州千里難鄉之賢侯主衣冠日傳西安安復安

題鄭子寶所藏燕穆之龍圖山水及牛戩雁圖　二首

八月望夜題此畫蓮花漏冷秋沈沈仁人義士不可見爲疊好山千古心

飛來兩雁不成字偶得一灘相並眠南國江天秋欲雨西風木葉夜如年

偕林彥達天平即事

籃輿過西郊故指長松樹幽尋得清深古藤蛟蛇聚聊爲取

徑來復作循澗去峩峩天門山僧坊掩其處稽首忠烈祠玆游有神助違世常獨行會心卽同趣手酙白雲泉一洗儒者腐躋攀龍門上滄海欲竟渡狂歗風雨飛血肉那可住俯觀大千界莽蒼盡同互病夫杖藜還數息安穩步之子淩絕頂相失不相遇修廊把臂笑物色方受句跏趺贊公房茶甌要深注蹇余每多艱沮洳沾兩屨肩僕亦已痛重負寧少恕前途更回首空翠灑嵐霧持此將安歸濟勝自非具知津問長沮無淚灑羊祜平生樽酒期中秋月當午

晚對桂花開

閒與碧雲暮恍然金粟堆風香不自食月影爲誰來

史監蘭谷圖鄭氏畫

晼晼幽入佩江南水石間紅塵沒馬耳此意政相關

爲陶吉甫賦心山

世事關心心在山愛山終欲共高閒三茅嶺上白雲晚五柳籬邊飛鳥還與物生來無住著何時到處便躋攀幽人雅趣吾能識隱几原非似石頑

送汪鶴舟之華亭

僊人之遠游跨鶴以爲舟閒與白雲侶俯觀滄海流翩然萬里小大抵此生浮後夜華亭唳寥寥天九秋

題林彥達臨老米雲山

海嶽山前路不分無窮天地幾氤氳形形色色今猶古長待幽人臥白雲

題陸氏曉嶂圖

平生王馬曹爽氣在今朝未了山林事入之意也消

賦宋文璧伯牙琴

疊疊高山調靈靈槁木禪何人以氣聽此事豈心傳悟入終於寂聲聞各自圓昭文元不鼓陶令久無絃

次周方溪韻方溪謝疊山外孫也

謝老外諸孫因君觀九原猶疑古人在轉使薄夫敦臭味偶萍聚風流如玉溫江東二三策此道久忘言

送周山[redacted]趣瑞安州同知

江頭雨意溼賓鴻千里東甌浙最東碧樹漁磯山水窟朱衣象笏簿書叢吾民又遇時更化此地今聞歲屢豐若得曾游謝靈運官閒詩好和清風

題鄧覺非雲山圖

雲欲行兮時止山將闇兮日章渺太虛而觀化載神氣以無

方

題王君章山水古槀人

山中古寺秋陰有客攜筇獨尋歸來自可一榻江南落盡楓
林

題劉文偉府判收藏山莊夜歸圖

盤桓長松樹莽蒼歸薄暮惟應門外山見我蹇驢去泠泠野
水聲候予莊上路亦有東鄰僧分卧清寒處

題春江別意圖

春生南浦上舟子棹歌聲今古郵亭恨一巵君有行相望日
以遠山色寫離情

游桃花塢次郭祥卿陸友元二首

三月西城多少花暖風吹雨過晴霞海棠昨日開時路山鳥

淸陰到處家長袖挽春攜手去小輿舁醉一肩斜閒人好在江湖酒只辦年年賞物華

野水自行路松風誰掩關仙家忘日永老圃得春慳夢已投林下生當出世閒彡同二三友大智本閒閒

春日寄懷書臺

閶門柳如帶中有別離在當時官河船飄搖忍相待二月東風吹暮寒追送百里問河干破屋殘鐙人去住欲語不語千萬端竹雞鉤輈啼夢闌九山道中雨漫漫已恨金華六年別當時再蔵荊江楫七年又恨瀟湘闊人生貧窶北門憂我一思之生白髮白髮生何足驚志士潦倒俱無成酒澆磊塊澆不平況復不飲難爲情長歌短歌無新聲念我獨兮在吳城今年石湖好淸明數樹梨花香雪晴夫君不來湖上亭昨朝

見家信紙尾勞相問是親不可疎既遠不可近此身江海事多違往往舊交零落盡我亦徘徊看舞謳誰家歡宴及春游越王郊臺踏芳草危絃一一七彈箜篌箜篌嘈雜兒女語纖柱朱絃生眼霧感物逢時重懷古悠悠我行處總是衰遲路待君歸來問君故各天一涯水東注

雨中簡韓竹閒　二首

擁被寒逾峭雨聲遙夜來蛙鳴東階下柴門猶未開寂寞秋在念芳菲髮先衰昔我二三友晤語初陽臺

釆釆一寸芹靡靡不食飽王孫從何來芳年亦同老徒憂侵病顏積竊迷遠抱猶能尊酒期共話山中好

擬游仙詩

淸風振南海桂樹山之幽仙人立於獨浩浩逍遥游長袖拂

塵凡下視萬蟻邱此道眞富貴高情謝公侯廣居在何許浩氣標瓊樓隱映雲母屏錯落珊瑚鉤暖笙雙紫鸞飛車駟蒼虬朝余鑒靈淵夕余擷芳洲執手木羽御世我相爲浮醉翻九霞觴一笑三千秋

次張菊存韻送翁舜咨歸金陵

知音我亦恨鍾期聞士誰曾得趙咨北海疑乾薦禰墨東都不采適吳詩三秋菊酒同行樂一路家山各坐馳江國相逢送蕭瑟病身無賴倚筇枝

呈高顯卿參政二首

人材並用幾相投法度難持每獨憂衆味調和羹一鼎此身屹立柱中流時賢幸際昇平福世事深煩久遠謀滿眼江湖又豐歲漢廷行拜富民侯

支離無狀獲升堂舊事驚嗟重永傷葛帔令人愧劉峻雞羣
往日見嵇康車書混一誰東道風樹淒迷此異方文獻北來
今咫尺敢從公袞借餘光至元丙子予敬北去時顯卿父爲湖縣尹因及舊事三十五年矣

題蘭蕙畫

滿堂美人芳菲菲如此食墨何能肥古今蘭蕙不一種兄弟
夷齊無二薇

虞韶卿以謝疊山請謚立祠北上

萬疊山中足舊聞只今誰使意勤勤周人頗義伯夷事晉代
行收諸葛文九死本無榮謚願一香終爲老師焚黃金臺上
逢知已袖有江東日暮雲

方子元爲錢德鈞作水邨圖

太湖三萬六千頃分得一村如斷槎獨立蒼茫子元子故將

秋色畫詩家

送史德甫任崑山教 爲後來者先上 今被省符改任

世家餘漫仕名籍幾經年之反馬■後祖生鞭已先提攜離

選海晼晚熟書田此地紛迎送玉峯秋朗然

和王錄事次盧疎齋送饒教詩

白髮兮官來學校江上秋蘋催雨櫂居然閒寂竟何爲升木

之猱那復教官長無膚責功效大府參軍同好樂我嘗技癢

得渠搔醉眼卻將高下較貧無才能食家稍廩[illegible]九關多虎

豹天寒鐘鼓不分明剝啄送詩驚睡覺傳聞漢詔重儒流雅

欲文章存大較分付王維孟浩然明主時呼玉堂僊

題陸梅南雪灘圖

歲晚空江一灘雪伊人何處泝蒹葭扁舟乘興不可極且説

南涇梅漸花南涇陸魯望所居

題鄧覺非觀蘭圖　二首

小橋流水曲闌西悄悄寒鴉意欲迷九畹滋蘭香一國茶煙禪榻是幽棲

玉囦橋下別君處明月海邊生亂雲獨自歸來坐無寐長空雲盡月如君

次牟大卿贈張菊存

借得才名重此州州人共看菊花秋從來游刃有餘地如此[redacted]山能拔不前輩風流猶可作一官歲月不勝遒和詩若寄陵陽老說與平生爲道謀

爲周靜境賦玉芝

雙鳳祥光芝蓋騈仙人來聽誦黃庭珮環爲我飛零亂霜露

當時下沓冥太華移蓮秋一色三年刻楮地通靈世間久服
輕身藥未用神農本草經

題趙大年小景

風流文采王孫夢景物當時處處同楊柳煙輕飛燕子芰荷
水暖浴鳧鷖

惠崇水景

物外道人方晏坐身如枯木倚寒江鴉鴉雁雁集禪觀何似
鴛鴦畫一雙

雪唫

江雲寫愁霰詩髯共侵尋瑞應臘前語寒生天外心冥搜歸
一色兀坐了糸因玩我玉如意微茫太古音

飲滄浪園得紅字

擕酒盈尊煩小童翩然邱壑試東風分畦菜本豐年玉二月桃花一雨紅官事閒忙適相半世人憂樂豈無同古來喬木今誰在濯足滄浪曲未終

訪别鄭鵬南僉書

借屋青山下移舟百里程我慚徐孺子君是鄭康成夜語破春夢天寒聞霰聲行藏一尊酒歲晚更同傾

次韻房晦叔自京口來訪

我愧德璋能勒文郤因久别慰辛勤家鄉故老來今兩客舍春陰結暮雲二月酒尊寒悄悄少年心事白紛紛江山只在君歸處回首無聲寫離羣

物外軒分韻 得飲字

俗氣何由來開徑入蕭椮驅馬一日休授以游仙枕是名物

外軒分別政當審東風吹故衣衆客坐歛衽城南學者家九畹告春稔伊誰相與娱折蘭侑清飲

詩會分韻得萬字

士生適江湖豈必甚高論天下本無事過計無乃愿君看古商君擾擾終轗軻不如淵明酒悉付錢二萬於焉永今朝良晤極繾綣旭日數春陽愛戴滿衆願諸公美采芹我亦我忘獻既聞召故老世治復何恨膏雨當及時物態競滋蔓吳儂得豐登飽喫殘年飯

賦蘭分韻得服字

至人委蜕遺風雨化清淑繽紛從何來偃蹇靈姣服采芳孰同心可近不可俗舉觴對茲花沅湘浩然緑陶陶醉爲醒亹亹衆所獨葳蕤深相期種德如種玉

社集分韻 得生字

桃李向來蹊自成閒身半見綠陰生每隨曉夢換時事猶記春寒聞雨聲滿坐嘉賓須北海三升美酒似東平清和風日江湖好相伴長歌復短行

賦圓荷分韻 得細字

幽人豈無衣遇物思芰製甘脆相本根帖妥誰點綴池光晨更開雨聲打還細坐看青春改不歎綠波逝葺之湘纍蓋抗之洛神娣泥塗久甲子鉛汞方既濟世紛脫若遺水中采薜荔

偕杜懋修魏飛卿昆仲飲尊相寺前康家桃園

醉倒春風酒百壺桃花一色一千株除是武陵溪上有決定玄都觀裏無

次鄭僉事送于壽道之慈湖長

樽酒南薰別意涼，慈湖宛在象山陽。人生莫恨書檠短，地徧何妨舞袖長。親舍雲飛千里白，客篷雨漲一川黃。昔賢了了經行處，草木留君發舊香。

留岳仲遠處欲歸賦

客懷迷積陰，歸夢理前路。篠岸散清漪，秧疇生綠霧。蚓鳴沮洳夜，鳩喚蒼茫曙。我本江海人，安得扁舟去。

爲鄧覺非賦倦篷

倦游已學漁翁，漁舟倦來掩篷。蝦蟆鱟魚天氣，菰羹蓴菜秋風。

清風

清風鳴禽竹解籜，窗下枕書還看書。老去不能知世事，向來

端合愛吾廬

王伯儀往洞庭祭龍祠同游不暇賦四絶因紀昔游（伯儀平江府推濟南人）

幽洞髯龍老不眠眼明初識醉鄉仙來參縹緲峯頭句付與齊州九點煙

石塘小泊欲三更商估歸舟唱月明睡覺方知過湖去曉風蘆葦作灘聲

傒翁穉子雜漁樵容我游人問路遥種樹園林看馴鹿采菱風日蕩輕橈

湖上西山青一螺白頭人怕白頭波春來秋去扁舟在園客相邀種蒻窠

吳儂行

吳農畏雨如畏虎不道梅霖是時雨江湖占水多作田雨來水漲無堅土年年相戒作岸圍州縣施行督田主紛紛何益耕者勞鼕鼕還聽踏車鼓鄉風種麥屬農家拾穗泥中鐮不舉公私上下望西成兒女插秧深沒股饑荒卻憶四年前百貨如今尚高估惟有斗米八十錢雖賤傷農未爲苦此事猶應費將護因名所利物無迕諸賢鍊石天可補肯使窮閻怨寒暑

分韻得柳字

小年不畏暑赫日抗塵走中歲得早衰受熱坐木偶炎官不貸人焦火十日久一涼謝天公物極出援手不知簷間雨爲洗池上柳便蔭赤籐簟來傾碧筩酒此身付陰陽了了魚在笱相逢取竟醉是名無何有夷猶太平時自稱江南叟

送黃易嚴訪商廉訪

天地淸溪鶴不羣百年文獻足知聞外家自是朱元晦今代豈無揚子雲太極異同須共載連山眞僞可難分故人江右三千里荔子紅時政憶君舊講於荔枝樓閣中時也

次馬唐卿與高參政入詩

芒芒九土大赫赫初日臨迢迢江之南斯民有呻吟伊誰分顧憂志通亦惟深將令被其澤王道由仁心

冗官固當汰一手揮萬蠅羣類雖難除臭腐寧久憑致治固有要必去世所憎彼物無已害天民本蒸蒸

斯民如良苗豈堪食根蟊抵冒取其財不盡有不休漢人附五行周家先九疇正直方世用萬古淸風留

唐人作丞相分當食萬羊不知苦辛者但取充飢腸秖今天

下宰聖明登俊良勿言公孫儉布粟意何長
杭穧三百萬連檣發南溟歲計給浩穰來音傾耳聽明公順
天道坐鎮魚龍腥未羨蔣漕使風旆立中庭
菁莪正樂育半水涵至清自公最多士非時無所爭垂簾晝
閒寂豈無讀書聲口耳四寸閒慎思辨宜明
編氓召往役破產納官中吁嗟不均患兼并遂成風義米可
賕弊上下當齊同譬如山有林衆木成其叢
吳市昔繁盛酒壚器錚錚子錢永爲額官榷久不行幹辦責
府城醉夢相死生損多以予少人心刻嘉名
偕陸季道錢德鈞陸友元葉彥思張仲容飲府庠荷花
池上既而又自韓園至鄧覺非家飲觀蓮分得色字
韻

淸樽如有期初涼意俱適肯來寂寞濱菡萏亦淨植陶然轉乘興逕度一圖碧遙指城南家臨水更展席酒狂易爲仙風便香堪食空字無能塵物我皆醉色誰言鬢已秋始得痛飲力願將花上露爲洗坐中客

夜涼偶題寄子中弟五首

夜涼細雨枇杷樹相送無眠到枕前何如釀熟山中酒卻數東游二十年

歲歲言歸歸未得家書不復送歸期看雲憶弟在何許三百里程長別離

石門小塢五洲南二父遺基履見庵租戶田閒斵秧馬墓人雨過埽松蠶

五嶽名山終遍游今人那復晉風流向來婚嫁無難事及至

中州見白頭
吳中粳稻甲天下我種薄田當水涯梅霖本爲歲大旱百畝其如數口家

題王得臣護親喪歸平陽卷
北人莫作江南上陟岵之悲貧莫傷辛苦平陽王孝子三千里外護親喪

題高氏詩卷
景德禦戎渡河時王日曷不吟一詩逮其後世富有作共維聖母元祐腳國破家亡出古壁

日夕佳爲義上人賦
朝來常見山不暇爲山計日夕山最佳山僧此時睡牛羊久下來飛鳥泊林際寄語陶淵明是眞卽非意

題李飛卿所藏鄭子實竹石

歸來平山中荆薪煮白石凋碧恍已化殷墨久不食

次陸梅南蘭桂玉簪三花卷

偃蹇淮山隱離騷楚國清玉簪凝思冷香墨掃秋横一水軍

持淨三花色界輕人間較多品於此已忘情

題丁生所藏錢舜舉山水

寒溪深無魚扁舟小如屐舉世相爲浮更用一篙力畫彼山

中人慰此松下石

病起試筆 十韻

積雨彌空闊翩翩多去舟將家値卑溼無事得幽憂安石非

高臥文園已倦游壯心釋如意短髮寄搔頭病約山容瘦閒

窺雁影浮雙扉寒自語一榻澹相留香字紆縈晚畫屏瀟灑

秋黃花荒古道白日起滄洲不死千年藥平生百尺樓暫分

仙枕夢遥訪羽人邱

王寬齋送菊 三首

閉門伏枕重陽過病起誰來伴病夫王家園裏秋光好須送

黃花三兩株

憶與諸賢入醉鄉黃金得意買秋光微紅澹白相輝映遮莫

雨來深院荒

今朝無事要花開盛酒老盆移菊栽若覓庾𠖥猶在此信知

陶令早歸來

玉茶 二首

窗外西風開玉茶春山傳味更傳花年年冰雪通紅火縱不

同時總一家

乳白晴雲瀹嫩茶秋工一色賦奇花鬢絲禪榻看花笑惟有
玉川眞當家

白扁豆

小園閒種藥白豆近花籬蔓艸渾相亞酴醿不自持我良方
采采秋實正離離幸約繁香在平生見事遲

掘山藥歌

綠薜紫藤緗色子種玉縣延春透髓晴虹歲晚寒不起託命
長鑱山谷裏小隱牆東整藥欄劚土政得才槃槃服食相傳
養生訣茂陵劉郎和露啜

牟大卿挽詩

宦業遭時運儒先保壽齡來徵宋文獻竟是蜀沈冥清節衣
冠古吉人山水靈高門久陰德諸子用遺經

潘邸洪子淵參軍得旨江南即儁書歸國次韻張清夫所贈以贈之

聞君結客滿金臺多是賢王推挽來漢殿早朝分使節揚州春興動官梅淮東貿易雞林改天下文明鳳詔開歸載圖書廣恩賜新正同赴萬年杯

題黃葵卷

誰念相如渴仙盤露正寒秋風茂陵客不見紫金丹

次仇山村見寄

故舊相望憐索居病身禪榻了無餘從知聚散等成夢卻要寒溫多寄書四海定交吾靡靡浮雲方駕自魚魚惟君尊酒論量好出口他人得我徂

送杜義方臺掾

存悔齋詩

物我相忘杜德機閶門別意立霜威春前春後梅初白巷北巷南人漸稀社裏詩章常直草臺端掾使最褒衣昇平氣象身親見執法光輝拱太微

次張正卿平江伯見贈

車馬匆匆不我過詩書亹亹奈君何鄉牆燭影夜未艾客路梅花春漸多佳士逢時文苑傳小人有分力田科支頤送遠陽湖上急雪回風生意多

題鄭子實著色溪山漁樂圖

東風忽來吹綠雨閒雲更學茗花舞山中之人歸未歸溪上漁舟泛春渚

社集陳行之家不能往分韻得几字

氣如牽絲汗如水小窗長凭烏皮几六合一甑蒸雨山嬌然

欠伸望詩壘城南城北三十里出門何之繭余趾平生投轄是誰家豈不相尋醉鄉裏昨朝蔬食常見邀已怕青鞋在泥滓高堂衆彥集清風脫略邊幅去臧否況我從來有成約往又不勇嗟委靡江湖雖寬暑雨深彼蒲與荷美人美安得提攜冰雪仙直上虛空馳綠駬

分得牖字 追錄

南州候炎蒸端居啟窗牖及茲窘繁陰時雨無乃久涼朝掩書坐霽旭開門守雅集登高堂爽覿在俎豆曠懷何以娛新筍綠於酒生物趨化功我亦非敢後願言玉燭和歲事望農畝

題小米雲山

分流岡下石門灣日日白雲如此山薄暮米墳松櫪暗扶筇

曾與一僧還元章以下數世皆葬分水東西東為石門則余先壟所在也故云

錫山道中

憶昨理征棹郊原微綠初一水霽寒碧前林生遠墟何如帶笭箵政復在籧篨客裏問啼鳩江南人欲鉏

題荊公詩後上有甓社文房印乃吾祖遺書散落者十餘年前子中弟得之書來相報今不能共觀聊書其後

憶子書來說買書印章驚認劫灰餘松風小牖秋如夢淡墨疏行淚滿裾

鍾性春以大拙和尚偈周景遠書見示往杭性春師鄧中齋周號如是鄧號安明

亭亭白蓮花了了本無語禪者真大拙破口為君舉混俗如

是翁寫之墨飛舞豈伊安明宗到此究竟取攜將江東雲去聽湖上雨感君來相問欲起蟄蟲俯衆生我皆病萬法立何所欠伸送君行鍾子琴自撫

訪袁伯長于尹山歸寄

新桐有清露有懷相聚稀塵襟開悄悄蒲帆下依依宇宙蒼茫其風流迤邐微平生謝安石雅志不相違

焦山

還鄉白髮鍊丹臺世外襟懷渺渺開山與江傾横海立人隨秋迴御風來石公渡口扁舟在鐵甕城頭斷角哀展轉闌干憑萬古少年自許拔塵埃

洛社東泊

放舟山水間舟上載青山薄暮臨溪坐青山相對閒

南墅散步

散策忘遠近看雲孤野夕履石冰礀喧緣岡桂林黑紛紛朱輪後宛宛崎嶇迹矯身一延竚金彩罅西魄遐思動盈抱百年會有息人生信少娛道心常自得山中樵者歸舍南炊煙直焉知同歲暮亦有還鄉客

游長山靈淵廟

勝日攜尊遠前岡緣路深輕輿容歲暮眾木耿嵐陰勻水神龍宅龕煙古佛心悠然無與晤欣會在沖襟

離京口　二首

尋常夢歸處行來如夢時一身無舊業白髮幾新知容易平生別久長孺子悲空牀獨風雨世事轉難期

十舍官河接夜航卻憐歸去是他鄉骨肉無多來送別半生

猶爲一窮忙

雲石詩爲慶上人作 二首

世間一切法如雲行空中太空不待雲因雲而見空

英英出山雲去作豐年雨歸來化爲石點頭了無語

贈醫僧海峯

白白雲生海上山飛來作雨洗塵寰卽是華嚴發法住一時

龍藏滿人間

金沙道中 二首

野翁依約事春農試手閒門種雨松門外行人踏殘雪肩輿

小駐見茅峯

呼酒得魚魚滿罛削來甘藕脆如無行人若過南興郡白浪

休搖長蕩湖

存悔齋詩

宜興道中

雞犬如同社山川故逼人從知生事拙失喜客途新野麥去年雪風篷千里春方當太平日更菑浙中民

泛湖

五湖何所如來往一舟虛水徹晴明際人游開闔初青樽浮世事白髮順風梳豈必行天下好奇歸著書

賦朱自齋環碧亭

自閒老子得環中色色俱無處處通行到小亭逢水竹偶然一碧是虛空

送鄧覺非餘干教

大隱留吳市餘干問越田象山皆教忍學者更家傳多士芝蘭室古人書畫船東亭重懷舊詩滿綠陰前

朱自齋畫石鄧覺非作蘭朱寄其子叔過呂蒙齋賦詩索和

滋蘭㶁前庭自是山中英昔年徵昔夢今日寄幽情千里何當遂晼晚如石貞無為童子佩蘗蔓取同名援毫思楚南嶷嶷披秋榮長歌植德詩采采一襟盈植德朱堂名

次林彥栗春興

誰復春閒時不遨花時政坐海棠巢何妨痛飲稱狂士更擬扶藜過樂郊淡沱風光疏雨歇芳菲蝶夢一鶯捎俊游到底須年少鬢影衰來醟白茅

柬彥達

移牀風雨中間臥散帙詩書取次看自笑無能成老大相投一語逼清寒吾生往往車輪角世事區區茗椀乾更約君家

好兄弟通犖麈尾拂悲觀

送束申甫任江陵教因寄書臺時錄荊之廣西憲幕

世事氣翩翩莫令成白顛鄧侯文學掾張子孝廉船夢澤幾千里停雲又一篇因書極南楚離別感中年

六月

六月涼如冰熨齒枇杷移陰碧書几風匀書葉蠶暈紙語默無窮岸巾起我思古人望逸軌遙山巖巖作淸峙百年幾何北窗裏宇宙不滿平生喜

至元七年濱州渤海縣劉平戍棗陽夜宿沙河虎嚙之去其妻胡氏掣虎足呼七歲兒取刀刲虎出腸胃夫脫三日乃死

婦人見夫不見虎上天下地孰予侮小兒見母不見刀躍然

赳手無咆哮側隱乍見即如此微而究之極生死共惟人人
第一心汝其毋二帝汝臨

再次韻舜中

徂暑有今日太空無積埃閒拋數點雨涼暈一痕苔獨立江
湖迥深然霜雪來因君歌白苧醒醉人徘徊

中山爲舜中賦

舜中山中來手持山中記我吟山中詩石礪攻玉粹先正司
馬公常念一中字當時伊川程初不以爲是人生所謂命受
之於天地未有字義前此念何所寄日用而不知禮樂本孝
悌聖賢豈異人衆以華高企舜中學旣優具見諸行事立剖
是與非敢問何所自於焉道無陂政爾心得位知能執兩端
功在進一簣堂堂大丈夫萬物皆我備乃今爲中山轉欲生

疏義寂然不動時更不容擬議

晝眠起題

把書欹枕看書捲睡相干睡好書墮地覺來風雨寒

次舜中言別

一日政須官九遷故來閒處共超然露蛩咽響聽幽語巖桂生香醒醉眠青鬢光陰無事飲錦袍意氣大江船明年若伴[redacted]明錄我亦逢時舉力田

吳君玉哀詞

好客貧無厭傷懷病若何書來惟市藥酒在不成歌萱草先秋謝蛩聲咽露多平生狂阮籍揮淚遡山河

和張仲寬紫薇花

焚和孰勝火避暑愛清陰文書靜不忙紫薇相伴吟物態皮

膚盡炎威顏色深下廳日方永初開映煩襟可憐再三開盛
衰鶯客心結實難爲期朵香空自詩虛名似西山療饑匪斯
今一搔望麻姑猶爲忍雋禁醉眼紛已纈涼飇吹衆林

贈洪子淵參軍瀋王處購書奉旨乘驛

興圖瀋國東南境家世遼城尺五天志士何妨曳裾貴賢王
欲與購書傳文風物色先江左使指光華下日邊我亦平生
小溟渤要隨洪範過朝鮮

次張仲實游山圖

地勝清游慣山空一笑譁嵐陰冰入體林影雨天花此水知
魚處南鄰有酒家應聯納涼句歸去故園誇

題龔巖翁龍馬圖

學古齋中楚龔攬天飄御風鬛莫論將軍畫馬試看老子猶

龍

題小像

留眼何妨去了眉天公肯復要鬚兒不同之處如人面三代斯民政是誰

送學道龐山長

學舍如舟小先生一飯多雨花容灑掃風竹送絃歌漢上舊堪隱吳江春始波聖朝方取士更舉孝廉科

梅隱君輓詩廣德人郎巖弟也

梅仙非素隱兄弟樂鄉閭自住東頭屋長乘下澤車歲寒喬木古江遠暮雲疎生死知無憾傳家萬卷書

空心亭分韻得旭字常建題處

依微轉樵徑更上虞山麓閒尋昔人詩自悟禪房宿野木蔭

花氣幽潭得山緑日日空心亭山僧愛朝旭

蕙花二絶答李翠壁

山谷幽蘭春正開芳菲堂下爲誰栽底須閒辨招魂注更看光風轉蕙來

生須百畮紛披綠一幹數花香更足卻恨涪翁是楚人詩到山礬亦仙俗

題醉女六言

至人猖狂妄行吾欲名非常名自爲燕西王母或者逢左右生

江魚少賦者思杜少陵青青竹筍迎船出白白江魚入饌來雖非此江魚然可與吳郡志所載楝子花開石首來饈中紫被舞三臺爲對戲賦一詩

腥風吹石首曉日曝金腮不去網三面竟分羹一杯迎船竹筍出脫絮楝花開海錯物外貢時來無棄材

龔巖翁以焦墨作亂山甚奇爲題六言

無力拔山竟去舊髯飲硯欲枯介甫但有執拗呂端不是糊塗

失題

碧落銀河西北傾披襟散髮沐空明谷陽老子眠不成夜如何其候雞鳴廓然高秋浸嚴城街鼓逢逢人未行車輪轣地何年平牀者寤時皆六更

菊山詩爲醫者周生作父存菊祖菊圃

南陽水可飲欲壽人所同藥圃能幾菊歲晚滿山中若昔尚種德培之滋不窮後來襲芳菲草木皆奇功士生及志物有

技孰俾通掇英療人飢此當代天工人困何可醫人病何可
攻我歸讀我書老眼明霜叢

題史景福山水爲文壁

晴雲蓊蓊未出山好山屹屹能參天遠者大者青緜緜依依
石間得流泉清樾離離蔭我前高堂對此冰雪懸忽如載之
書畫船摻執子手翛翛然

夜坐傷書臺旅櫬未歸葬

涼宵坐無寐螢火耿熠熠徘徊去年秋憮彼逝者急九天露
氣高四野蔓草溼搔髮不容垢所悆沐如泣平生相知心瘴
嶺表獨立白駒縶維久華屋風雨入湘漢多方舟傾身望何
及旅泊更晼晚山中物皆蟄

陸季道歸汾湖居寄懷

汾湖水滿天如碧美人扁舟弄秋色相望知無兩日程昨日便爲風雨隔四十里城何逼仄遼鶴飛飛不停翼桂花欲開尊酒在世事肯容頭髮黑君能發藥起我病時復思君支短策卻尋論心攜手處意行猶到城西陌伊誰不是無家客鄉井田園歸路直莫令懷抱感中年年年一笑亘難得

史教授輓詩眉山人

宦轍迴看蜀道縣閉門靜掩雪溪斜初來本爲斑衣舞老去何須絳帳遮秋日鱸魚共蓴菜舊鄉鳳鳥集桐花一邱埋玉人生了詩禮相傳孝行家

趙子昂兩小幅畫二首

西風山欲瘦敗葉不辭柯幽草無人識其如歲晚何

竹萌終抱節葉落始歸根慘慘秋無際依依石不言

題高弘道游廬山圖

開裏題詩不奈閒輸君把酒對廬山平生更有丹青手便著幼輿巖石間

次陳響林併答王錄事

半生欲歸心識路如老馬童子髮已華往夢肄宵雅家園故京口阿蒙久城下山雲橫五州先壟暗松櫝宿昔風雨多捲我茅一把相攜記父兄猶恨辭里社猶餘耆舊人旣遠不我舍我生喳奇蹇知我晚遡窮涸偶飛花身世劇飄瓦造物奚以爲爲是區區者詩從響林來氛塵頓清灑何時杖屨撰縱觀大江瀉倚歌發出狂態度直草野晤言誰復同筆意浩難寫但憂參軍訶不飲面爲赭喧喧東郊鬭面面西涼假卑溼類長沙俗仄住顛廈願從祥麟郊與辨白魚鮓

題趙子固水仙墨梅二首

神仙何渺茫子固類元章奕奕湖海氣明明金玉相

春風的皪微凝笑補之肥大似廉宣仲雅疑陳去非

題翠禽畫

一曲寒塘瀁夕暉珍禽照影惜毛衣非魚也自知魚樂不肯

花前掠水飛

浮圖山莊冬夜

山田得秋稔農家共欣欣里社競簫鼓吾生愧鋤雲躭書歲

云晏五十更無聞古今轉難通何能筋力勤緬茲寤寐懷擁

鑪取微曛荒村雞鳴遠不知遙夜分可憐獨轅車徑度長岡

雲賣薪者誰子低回日寒昕曠望城中塵天地方絪緼

題劉平叔所藏輞川圖

輞川圖裏王摩詰勝事後來空自知想見開元全盛日山林朝市兩逶迤

元貞乙未予賦詩有爛游吾欲首斜川之語於是延祐乙卯二十年矣正月三日與猶子永誦淵明詩憶舊事恍然如爲今日設將男婚女嫁少文之願儻遂乎

一語匆匆二十年爛游吾欲首斜川今朝開歲倏五十稚子誦詩驚醉眠元亮歸來殊未晚買臣富貴政堪憐名山五嶽無窮意浩蕩春風白髮前

題鄙桂巖通判太平歸來詩卷

宮錦翩翩五色麟如君端合侍楓宸山中事業陶弘景湖曲歸來賀季眞上界神仙足官府此身城郭舊人民還鄉我結同庚社只看桃花莫問春

次莊恕齋總管

時平宰輔致民康事合天心可露香要補崇邱極高大清歌成相用賢良車書混一輕金玉螟蟘銷除富黍粱四海豐年化爲酒願與酺飲壽吾皇

題某隱君像

掛冠供白蜜無藥得黃金至竟山中相松風風庭院深

劉時中來過綠筠齋

自君之來吾劇談古今落落鬢毿毿筠齋有琴亦不鼓醉過春風三月三

送醋芹

食芹之美心獨苦不爲家居類水東采采盈筐轉無味借君老面摺春風

班彥功爲蕭君璋畫紅棃花

節物臨寒食背邸冷淡新院落尋香雪京華生軟塵

陳君庠參政輓詩

混一謀猷早承平屬任繁躬行儒不及陰德獄無冤草木知遺愛人材痛達尊雙珠掌中見宦業紹家門

廣微龍

紅光掣電墨雨入誰袖轟霆起春蟄絪縕之際物化醇九天下垂海拉立

林彥遠山水

看山頭拄背結屋樹隨緣一水盈盈隔閒雲自在眠

人生

生人同本體弱肉强之食方其恣奸險從爾肓藉藉相爲舞

官法未幾遭鬼責是非予奪間一二堪指迹此圖可以戒猶慳壽考跖彼哉幸而免至竟心不測

天平道中二首

望荼蘼好雪鬑鬖暖日和風信去帆寂寂餘香花數點晴波欲動嫩鳧攙

鼓聲依約分魚市不負儂家白酒鮮粳稻新秧及時插苧衣淸楚入梅天

分荷字追錄

酒爲新涼飲詩來滿意歌微風萬箇竹過雨一陂荷窈窕初開徑漣漪不起波明年避暑録何處共婆娑

山水畫

致於山水載神氣開闔而來畫何異無隱乎爾觀爾志子敬

爲子敬敬識

白雲阡爲張祥卿作

物外方絪縕白雲山之顚匡廬下馬墳是家卜牛眠人子豈不養生人無百年至今心眼孤皎如香鑪煙人人有此雲囘望俱可憐霜降春雨濡何獨君拳拳終身知孝慕體受當歸全一舉足出言而親長在前因君語世人死生安者天不見南陽行荒哉原巨先但畏太行險勿羨懷英賢

蟹詩

寒蒲縛來腸已無枯骨裏肉肉自腴爲君喚醒江湖夢孤篷細雨聲相濡貧家翻不滿眼沽糟牀溜溜紅眞珠起來爲立西風裏一徑晴寒菊數株

題横披竹

竹影千尋月落時小舟移岸半篙遲參差化作一匹練我獨寒篷親見之

題岳仲遠所藏坡翁焦墨枯木竹石

坡仙胸中非酒澆吐出蒼玉秋寥寥忽然變化不可極怒龍倒海拔沃焦

蓬萊音琴銘

蓬萊仙人佩霞飛緪我朱絃明玉徽千古萬古太音希海深深兮山巍巍

次韻可大見贈 二首

江浦有捐佩幽蘭共芳馨解后展良晤習容觀玉聲翺翔誰與偕郎之邂修名友士常未足蹇予車蓋傾寒宵念鄰居皎月臨中庭信知西坡翁老眼千載明士生有窮達不辱斯爲

樂
美哉慈烏詩倚歌鼻酸辛嬌嬌寸草微茫茫天地恩人人有
此樂同看親舍雲何如奉菽水晚晚嚴晨昏但云谷口耕名
爲京師聞

讀漢書

張湯多巧詆公孫但從諛甚惡刀筆吏亦鄙章句儒在廷無
黨偏惟有汲長孺徒爲右內史幾以不悅誅武帝欲云云顧
問當何如陛下內多欲奈何效唐虞申生言力行較之得皮
膚惜不能用黯爲御史大夫丞相取充位不用董仲舒對策
最純正尙憂書自書六經日表章儒效舊闊疏治道固有本
千載一長吁

次于壽道陪曹許二丞山行

西郊凜風快冬晴南州落木先春榮驊騮並轡來幽并天上丞鄒山中行山如削華木環瀛觀山玩水寬作程海鷗忽來立麃明條然更覺富貴輕路旁初值析羽旌導從肯令僧定驚涵空俯瞰吳王涇當時射越飛䑺鳴入貢施女如嬌鶯亡國不在黃池兵于嗟斯人爲物靈豈隨血肉同腐腥故有戒心無放情爾培爾栽覆爾傾姑蘇范公自高平慶歷執政用六經是能才全德不形一代治化非難成二公酌泉倚雲屏古今事業相錚鏦棟梁松柏森森青忠烈祠下誰將迎有客新列慈恩名何假禪悅談無生促坐參語酒未洽焉得閑日留雙清歸途■曠嵯峩城林薄萬籟皆琴箏洞庭偃伏波濤聲英雄廢臺舊呼鷹魚龍末技不敢呈惟見夕照寒煙橫

香林長老爲其師叔祝香求詩

故紙堆中喚師叔香林花葉續傳鐙尋思四十年前事只爲
茶毗一箇僧

冬至

有約美人殊未來地鑪孤坐畫寒灰今年物色得春早一夜
梅花如雪開閱世徘徊九節杖淩風縹緲百層臺江南若箇
山中樹幾許陰晴生緑苔

書臺像

荆江亭詩長沙酒浩浩東流瀉南斗守德之宅揚子雲疾惡
如風朱伯厚仕雖可久耕欲耦

周氏野泉別墅圖

泉陶舊國羣山裏寂寂野泉山谷底試尋山脈問泉源定有
蛟龍拔湫起城郭猶堪萬家汲蕪穢適從何代理大雨不溢

早不梏育德淵然古君子簿領三年報政成習俗能諳風土
美桐鄉愛我愛桐鄉舊日勸農曾到此身閒卻作負耒來願
與吾民同井里安仁已種環縣花伯道惟飲吳中水毋幼父
老歌去思此處枕流方洗耳

五柳圖

吾友石民瞻平生書畫忺曾爲彭澤令柳下識陶潛

游桃花塢次郭祥卿陸友元韻喜善之赴召

黃堂鄧公直金匱史遷書朝野太平久文章全盛初北方多
宿老南士有新除此事須公等秋江晚執袪

題了堂所藏郭天錫作亂山煙雨圖

南郭仙人隱几處青山白雲無所住萬壑度盡松風聲更向
了堂參一句

和靜春贈唐心月韻

白苧蕭然涼意迴清尊不共故人開江湖水滿魚鴻過天地秋高風雨來

晚來索索酒初醒巖桂花開香滿亭掩書不讀亦不寤明滅一燈如露螢

我看浙江無數山盡攜明秀與俱還平生此復興不淺宛轉小詩料理間

越[redacted]溪頭煙水秋綿綿洲渚憶曾游城下荷花望不極城上烏棲樂未休

舊雨人來今不來柴門自爲晚涼開平生所得二三子一日須來一百迴

不果留棋於無友作

勁節不

同俗淸陰欲映入楚江

茶屋

世事有餘味心交多淡成樹依寒舍種詩爲早春萌穀雨排簷滴松風泛鼎鳴就中留小徑飽飯得閒行

雨篷二首

黃篾江南舫隋書山谷曾用風煙春水波輕推橫畫卷薄暮理漁蓑俛首安身了浮生涉世多庚冰正在此瀟灑扣舷歌

正在蓬篠下猶疑篛笠前淒迷不寐客飄泊未歸船枕藉無餘地江湖有漏天平生萬里意風趁一帆懸

題蘭花二首

綠葉紛紫莖數花香政足爲我語涪翁山礬水仙俗

孤竹皆殷墨兩龔貞楚清試憑蘭與蕙難弟復難兄

挽蔡山長

仙游分望族相業肇嘉名古道見師法平生無宦情雪林驚歲晚門巷逼林清萬卷藏書遠何當繼老成

讀元祐黨籍碑

彼狂曰予聖莫辨烏雄雌安知百世公乃在黨籍碑在昔漢唐末所無忍爲之女眞或敢侮自是宋德衰空令大梁人至今歌黍離

與照元晦月夜聞人讀諸葛武侯傳 得南字

繄惟諸葛公謀國雅性躭懷寶世不售龍臥南陽庵風雨耒耜底憂國如焚惔自比管與樂關張渠得諳平生益州牧枉顧至於三君臣天作合鯤鯨鉅海涵堂堂漢丞相大星在西南斯文出師表姦賊安足戡典午何人斯巾幗誠不男天自不祚漢論功可無慙星隕尚千載耿耿在立談九原不可作有淚濁如泔

苦雨 甲寅

玉帛端如委山川已徧宗蒼生容有罪昊穹忍妨農南畝猶須問東溟恐不容疇能補天漏匪石耿吾胸

喜晴

積滯從旁午新晴破鬱陶乾坤還日月民社脱波濤不怕漂

廬舍何妨用桔槔從今且粒食勿用想蟠桃

復雨

雨聲仍可畏天心[redacted]若何未應妨稼穡只欲喜蛟鼉野色歸長夜簷聲決大河無錢買小艇腸斷鞠窮歌

送僧歸仙居

一雨暑氣熸秋聲著梧葉故山入幽夢晨起事遠涉故家仙人居矗矗山如樓三林與海通我家林邊頭功名不救死文字不樂飢閉門風雨夕且食故山薇

用元微之寄樂天韻奉懷元晦時余從徑山晦機在淛西憲獄

十宵九夢遺分身世事翻騰可具陳天意何時能悔禍吾徒到處不如人雨聲歷歷侵殘夜風物淒淒入小春縮地無方臂不羽倚樓東望獨傷神獨傷舊本作欲無

題宋楊大年小景二首

漠漠雲連遠水荻灣春鉏作雙誤墮絳城業影王孫本願秋江

蒲柳蕭條秋晚錯莫江南遠郵積月照人無寐翻江要湔淚痕

西湖晚景

天賦幽人事事幽西湖佳處七年留荷香欲老菱如臂得意斜陽一小舟

張清夫心遠堂

張君曠士性逸翮辭籠樊天游絕有待旁魄造化原春風菰蒲影璧月湖上村歸棲度華構斂翅寂不喧牀數學僧珈梵夾手自翻神交匡山遠遺烈千載存華榱見芳扁雅意識素

敎何如載茗盌妙理遲細論

存悔齋稾　　丹徒陳裕業校

附朱性夫先生補鈔龔子敬遺詩

送李孔言上舍北游

士也今安用何爲志必行將無因技術亦可遂功名漫把□
□歷還稱國子生悠然燕市酒此日看昇平

次韻貢仲章虎邱賦

遠客喜舊交相逢乘興游輕帆不用楫出郭望林邱旭日時
來暑春服何倩修涉世儒生腐尋芳僧寺幽紅塵避人遠綠
陰入山稠奕奕文翰英于于江海陬憑高劇弔古濯纓便臨
流蒸鬱變雷風倚徙客遲留取涼盡酒尊沾溼壞詩篝空濛
駕歸艇起滅波中漚

郭祥卿同游虎邱

弱植有綏步同游無雜賓清陰山寺古紅樹石楠春邱壟埋

吳國園林閱晉人不應繫舟處猶是去年津

吳中寒食

寒食淸明賣酒家酒瓶亂插紅白花江南蠶子非一種日暖蜂房報午衙八十漁翁曾半破往來醉客路三叉村中女伴無忙事踈雨小塘收漾紗

中山夜游圖

歲云暮矣索鬼神九首山人生怒嗔獵取羣祆如獵犬驅儺歸去作新春

文泉

泉者水之源其初果何適泓澄未汯汯取譬人畜德畜德惟其深行道亦在茲以彼周流意於焉文命之噫古所謂文郎禮樂法制後世將奈何而非此之謂華身習口語逢時貴詞

章油油青山雲不到白玉堂文者理而已循理屬君子謂予言不信往看逝川水

題龔聖予畫馬

人間能有幾天馬試問來從西極者二十萬衆從貳師攻破大宛僅得之孰驅校尉奏妙選帝閑自此收權奇未央宫門銅作式矯矯如此龍八尺絆者自絆逸者逸不是老龔誰貌得泰定丁卯夏廿四日龔璛題

歲殘

歲殘春雨初晨興人意舒萱草侵階緑慈鴉巢樹疎耕鋤餘幾壠門巷愛吾廬休笑元晏病時翻架上書

馬虚中柳城春色圖

城中塵頭十丈高欲畫春風風怒號佩霞仙人騎鶴背卻度

太虛觀樂郊當時丹青爭出色借與天公動搖碧上流老子
餘舊踪桓大將軍亦曾植樹猶如此我何堪莫學江南繫船
客雉堞平成天下平有情有思弄春晴隔葉睍睆黃鸝聲

海底眼歌爲陸茂林作

海底寧有眼幽暗魚龍困海底若無眼何爲騰騰光燭天定
有明珠在其下能令世間長不夜試看露出珊瑚枝神物效
靈紛變化吳門別駕理伯雍卜肆從誰問吉凶陸姓森名特
奇驗識高見遠術非淺以此喻之名遂顯揚火以致墨冢宰
總列職其法今不傳太史載龜策足膾彷彿意頗遺南士按
書猶或知九江納錫不聞矣僂句成欺皆棄之流俗沈淪海
波底藉子一言與提耳我作好歌以贈子會訪茂林談物理
谷陽
叟

玄天妙景歌

光陰過去留駒隙海宇微茫起蜃樓夢境清都眞帝所仙人一室有天游珠如黍米懸何許掌上胭脂爛不收飛佩超然淩倒境擬將變化問洪邱

送宋梅隱

黃鶴山中醉幾回山中良是夢徘徊流水青蘋杏花影晴江綠漲葡萄醅灩灩西湖泛春去奕奕好風吹子來門外酒船撾鼓過何如同上姑蘇臺

雪樵

伊川門下已齊腰清苦誰如雪裏樵浩蕩山林行靡靡低迷蓑笠影飄飄枯梢一夜號寒墮野菜尋春待凍消炙手故應猶可恕高人塵甑儘無聊性夫先生於甲辰六月鈔都氏本

王園玉蘂開後作

南園玉蕊玉敷腴十日不來花已無此地綠陰渾欲滿平生清興不能孤香隨小徑尋前夢老待閒門種一株過眼年華猶把玩人間留在輞川圖

次趙書臺荆州見寄

江水滔滔不繫舟一官已作五年留詩從別後多清氣夢擬歸來到白頭骨肉幾人如此在林泉何處脫然休皋橋傭作猶堪憶一飽平生本不謀

次張仲實送項桂山韻

昔蔚閭隱處桂樹滿巖幽涼雨飄歸夢江湖萬里秋我亦儵然客相逢戀一游鱸魚正堪鱠無酒為君謀

題趙子固畫歲寒三友圖次韻

借問僧窗梅幾樹從來只合穀芽焦孤芳未辨切磋玉細蕚深藏繁衍椒宣仲高韻春破點補之豪邁氣抽條散花室裏何人到知見香中使意消橫軸更憐松竹映臥游殊覺水天搖何郎東閣無多樹逋叟西湖舊六橋白石歌殘徒自笑彝齋去後更誰聊蜂鬚作蕊容微吐鐵線成圍豈强描昨夜前村吟悄悄長年一笛怨瀟瀟底須參透問庵法開落不知昏復朝

此四首惟夫先生於戊申九月鈔黃應龍家本乃新得王氏之書

存悔齋詩補遺

存悔齋稾俞跋

此詩元係永嘉朱先生鈔本楨從先生游故假以錄實至正五祀歲乙酉也時楨年十五今倏過五載恍如舊夢歲月難留寸陰其可不惜深愧志不勝氣不能勇力以學撫卷輒成浩歎謹書以深警毋待他日徒悔焉至正九年歲己丑五月二十七日開封俞楨恐悚拜書

存悔齋稾毛跋

余家藏元人集未逮百家意欲擇勝授梓閩中徐興公許以秘本五十種見寄奈魚雁杳然惄如也適馬人伯出龔子敬存悔齋稿示余得未曾有眞入年第一快事中有殘缺二處末有朱性夫補遺一十七首問所從來迺荻溪王凱度家藏本卷帙如新而凱度已爲玉樓作記人矣掩卷相對泫然久

之時崇禎十三年閏正月十三日毛晉識

存悔齋稾續補遺

送楊起行

纓冠楚楚濯滄浪彼美人兮淇水陽大府久須唐令錄中州正用漢文章忠貞滿眼眞能幾遲莫相看耿不忘至治朝廷天咫尺載歌丞相舉賢良

送秦裕之補南臺掾

南臺禮意特相招送客溪亭自寂寥夜雨燈前春幾許清風扇底暑全消中司執法分曹掾掌政名官佐使軺捧檄還應爲親喜宦途等是上雲霄

題張氏所藏石經

洛溢河清世之季鉤黨諸賢死無避橋門冠帶此何時詔與一作爲羣經正文字議郎郎將工隸書觀者繽紛門外車似憂

方冊重灰（一作煨）燼且可鐫摹辨魯魚南臺四部存幾蹟誰見世間完六籍漢儒區區掇拾方到今不是糊塗墨（一作客）

述懷簡張宗寶教授

霜清起病骨臥久忘籧篨殘息不暖夜短髮漸入梳涉世何用早意適事不如既知非所能裁足不願餘藥苦尚可飲家貧難可居秋來窘繁陰百畝沈嘉蔬滯穗向采掇吾生愧耕鋤南窗美朝陽昔賢遺古書風竹如應門一室自掃除西庠張公子爲我日同車言笑適相娛綢繆焉得疏

登天平觀太湖有感次緒雲范天碧韻

左江右湖后土裂獨有孤城峙清絕望中地勢西南尊逝將適彼煙霞窟平生好遊小四海歲晚飄零如落葉愛山與山便不遠俗念亂絲刀一割行行且止白雲寺未暇尋僧談叙

滅過逢范公之子孫上冢始迴天下轍萬象偃蹇孰能取朔
來煩君拄頰笏冷冷衆籟淒陰風細細幽泉瀉晴雪此物何
爲元氣聚霜林爲肌石爲骨當時葬者得神閟再世其家産
英傑偉哉慶曆皇祐間人與山川稱奇崛颯然清爽覩廟貌
不記洛陽封馬鬣稍從籃輿過書塾茗盌莫救思賢渴邱壑
蟠松老龍臥欲起其蟄那敢喝微哦碩人在軸詩或以形容
萬分一是心所到境皆會更入靈巖參古佛涵空具區浮洞
庭玉鑑修眉黛初抹徑流直下不可回勁箭脫弦初鳥沒平
田村落直瑰蘇徙倚闌干寒栗烈急呼斗酒澆塊磊暝欲竟
就禪房歇卻循險徑盡歸與古井俯照無底穴琴臺草堂度
絶頂猛獸相食遺腥血昏明鐙火認義莊僕夫肩頳力已竭
索族爲作輭腳醒促倒劇談三寸舌同源分流親肯疏斯世

斯文賴倚挈請君說山紀勝賞便攬前峰爲巨筆冥搜欲就鬼神逕調與吳歈歌幾闋吾徒歡樂豈終極安得千年閒日月

題龔聖與瘦馬圖

聖與作瘦馬圖自題云一從雲霧降天關空盡先朝十二閑今日有誰憐駿骨夕陽沙岸影如山經言馬肋貴細而凡馬僅十許肋過此卽駿足惟千里馬多至十有五肋假令肉中有骨詎能令十五肋畢現於外現於外非瘦不可因成此相以表千里之異厄劣非所諱也淮陰龔開水木孤清書

生成何用十五肋羅帕銀鞍千百羣可是蒺藜肥不得骨如山立意如雲

爲郭天錫題文湖州墨竹蘇書

臨行話與崔公度到了神交蘇子瞻卻是主林神不管黯隨涼月墮虛簷

書閣 以下十一首俱宣城詩

年華荏苒故客況寂寥新雪融疑是雨風和欲近春疎梅縈小鳳宿藻負潛鱗書閣閒登望時煩載酒人

偶題

宿雨池館淨閒官造請稀石榴朱夏色山鵲青雲飛遐矚臨風檻沖襟散暑衣陳編撫芳潤脈脈鬢初稀

郡樓

久客有遠思肩輿登郡樓聊爲避暑飲更學御風游疊翠城南面雙虹水北流流將五湖去葉葉采蘋舟

述懷二首

古道直如矢古心能斷金今人思古人寥落誰知音旭日臨前除喧風散幽襟相彼好鳥鳴擇陰嘉樹林豈無念朝飢漑之釜與鬵大川無停波高山上嶔崟白髮何由玄寒暑日夜侵叔孫獨楚製莊生常越云載歌行路難歌闋意彌深

葺荷不用織采蓮尙可食芳時安可常秋風鳴槭槭美人明月璫青霓以爲裳手攬北斗柄低昂挹天漿天漿解渴心下土何茫茫九牡閶闔開寸誠函綠章焉得飛仙術與陪鸞鶴翔所憂歲年駛敢畏道阻長啟戶辨夜色驅車遡晨光終然江海濫臨路空徬徨

次韻劉景初偕陳元佐見訪

松閣啟晨眺東雲白英英空尊愧坐客幽道聞屐聲郊墟地

白鶴林巒皆逈清官居屬冗散朋從多澹成拂塵急雨過聯
鑣去隄平書味一何長襟期浩已盈挑鐙展篇什寤寐山中
行

楚雲湘水圖歌謝張師夔教授

離騷之國幾千里十幅蒲帆順風駛順風猶須兩月程伊誰
移來隨書几張君墨妙游戲爾亂峰因君接天起蒼然古木
摧不死君應曾隱茅屋底得非是閒種蘭芷慘澹經營那及
此松連閣上聽秋聲讀書眼花字如蟻玉立長身挾童子披
圖置我平生喜憶昔詩家愛許渾淩歊荒臺尋舊址云何姑
孰大江邊望湘潭雲尺有咫我今識君意總爲詩料理雲兮
楚之雲水兮湘之水迴鴈夕陽銜一華山高見衡岳江遠會
南紀君兮可奈何我詩敢劇屈賈壘

題李克復治中所藏兎圖

雄捉朔雌迷離自是生生無盡期如何時人好異說兎子之孕惟望月水中影對素秋圓天上身居廣寒闕烏鵲相傳枝白腸但應風走物具四支毛與羽不同螭虎亦四足無路通水穀雖則能變化蟲豸竟偏梏氣化飛之徒形交走之屬驗從上古燔求爾在野逐韓公滑稽毛穎禿八竅吐生殊駭俗不須更問然不然至今富有中山族

題温日觀葡萄

墨雲過雨月正黑手摘虛空了無迹一架縱橫碧落秋戒壇池上僧房側

老錢折枝

桃似臙脂梨似雪折花人是惜花人折枝圖上堪腸斷忍更

題詩破費春

泊舟

小舟尋夜泊明月散風瀾故人相別處雙鷺立前灘予歸京口省墓

天錫出此紙徵予書宣城詩記憶不甚真天曆二年孟夏二日龔璛識

題高士圖

東郭先生履下穿更圖臥雪詠袁安就令餓死亦細事門外春泥何日乾

水邨歌并序

延祐丙辰偶賦此十月七日訪湖天學士遂到水邨先生寓居煙水蒼茫間適與此詩相似俾書

吳中水爲鄉人與鳧鷺[redacted]年黃梅少時雨農不田疇占洲渚鄉風用鉏不用犂築塍踏車兒女妻農家辛苦亦

復樂高低兩[redacted]爲自愛茅檐暖莫厭社酒薄[redacted]賽神卜東作飯牛何必歌[redacted]尚可著十年種樹樹滿郵明年養蠶蠶百箔

題水郵圖

澤國漁無定秋霜柳不凋幽人意晼晚此日畫蕭條

家鉉翁春秋集傳詳說跋

至元丙子宋亡以則堂先生歸置諸瀛者十年卒成此書書成自瀛寄宣託於其友肅齋潘公從大藏之蓋久而綱目十篇學士大夫已盛傳於世矣泰定乙丑宣學以稟士之贏刊大學疏義等書取諸潘氏鋟梓於學凡三十卷其曰春秋集傳詳說蓋侯夫說約者得經旨焉此先生著述意也先生之祖大酉以成都府教授列於朱文公學黨之籍其源流有自

云高郵龔璛謹跋（通志堂經解）

靜春堂詩集序

予讀今人詩不知其爲今人者唯於吾通甫爲然通甫歿十餘年矣意者亦古矣而猶今也今斯人豈易得哉世之爲詩者學古人欲其似出已意欲其新兩端而已然似者多蹈襲新者常譎異唯其似而非似也新而非新也得之渾然又未知古人已意孰先孰後也始可言詩耳壹者士去科舉之業慮無不爲詩北語傷於壯南音失之浮書文大同宜極於古故今人於宋詩少所許可僅取王半山以其逼唐也然半山詎肯及唐而止三司與宋次道選詩盡在目中矣至於中夜禪悟集句趁胡笳拍則不啻自其口出一大家數造詣迥別殆未可以淺窺若唐人近接六朝淩鮑謝何必多遠挹西漢

師蘇李更不疑實致如此使如今人懸擬風雅不過跼蹐四言如韋孟自陳東晳補亡曾何繫於刪後重輕哉聲文以時變異感發在人則同每下愈況固不可心違而力不逮亦不可予於通甫既曰古之人豈必以半山杜通甫譬諸登峯造極循循來逕尚於此乎見之也古人所嘗有者皆有今人所當無者必無靈傑百出清婉明麗抑所謂酷令人愛者非耶憶通甫與予交上下古今一返諸性情之正予固望其鳴國家之盛橫經石洞歸而不復出靜春堂手校萬卷築脩亭遂志焉屬其仲子泰緝遺編託予序死者如可作也顧焉得如通甫者與之評通甫名易姓袁氏吳郡人延祐庚申日南至高郵龔璛序舊鈔本靜春堂詩集

題子昂爲通甫作臥雪圖

閭巷風雪中僵臥何限洛陽令政爲一士來耳乃其作辟舉類如此而史失令名亦可惜舊圖雪中有芭蕉若子昂更畫之凜凜道甫身世谷陽龔璛題明朱存理珊瑚木難卷二

褚河南書枯樹賦眞蹟跋

褚書此爲精妙子昂晚筆最得其意常聞賈師憲以江上功景定初元拜右相錫宴宣勸內府出金寶器賜甚厚中有枯樹賦眞蹟似道獨受此卷不敢辭今不知流落何所信人間世曾何足以把玩哉喜見以入而慨然者係之矣至大二年季春爲吳門錢翼之題谷陽龔璛書明汪砢玉珊瑚網法書題跋卷一

蘇子瞻書離騷九辨卷跋

山谷云坡書中年圓勁而有韻大似徐會稽至於老大精神可與顏魯公楊少師方駕觀此帖者當有味其言云泰定丁

卯端陽日高郵龔璛子敬甫書於甫里書堂之西序珊瑚網法書題跋卷四

蘇軾春帖子詞卷跋

好學神孫類祖宗又安知他日紹聖之誤乎今觀春帖却思宣仁社飯語至今使人悲此卷乃稅巽父家物巽父學於鶴山先生魏文靖公有師友雅言行於世併記諸此云延祐丁巳季春二十三日高郵龔璛書石渠寶笈卷五

趙文敏小楷書洛神賦卷跋

泰定丙寅七月既望龔璛觀於吳中之寓舍於是昂翁之歿五年矣儗之大令此則人琴未遂俱亡者仲長寶之清吳榮光辛丑銷夏記卷三

劉貫道飲中八仙圖跋

中山劉貫道飲中八仙圖筆端無纖塵若其摹唐室之衣冠類晉代之風采靡不人人各肖不第得眉宇兼得神情嗚呼酒致一塗而會者一轍究其高尚奇蹤則倚馬臨池驚筵枯坐莫可稍入軒輊甚矣擫管者之苦心也高郵龔璛題（明李日華味水軒日記卷八）

存悔齋集附錄

江浙儒學副提舉致仕龔先生墓誌銘　元　黄溍

先生諱璛字子敬姓龔氏宋鄉貢進士贈太中大夫諱炳之曾孫秘閣修撰太常少卿贈通議大夫諱基先之孫中奉大夫直寶謨閣司農卿諱潗之子曾祖妣周氏祖妣葛氏並贈碩人妣周氏贈宜人初太中府君以避兵自高郵徙鎮江卒葬城西五州山子孫因占籍爲鎮江人迨先生以宦遊久留平江又家焉先生少聰敏稍長能屬文德祐内附士大夫居班行者例遣北上司農府君以列卿在遣中行至莘縣不食而卒先生悲不自勝暨成人呼其弟理語之曰國亡家破吾兄弟又少孤不能以力振起門户獨不可學爲儒無辱先訓乎由是其刻意于學日以微辭奥義自相叩擊其文字交視

莫公崙俞公德鄰爲丈人行而與戴公表元仇公遠胡公長孺盛公彪爲忘年友聲譽籍甚人稱其兄弟曰楚兩龔以比漢之兩龔云東平徐公持浙右憲節聞其名辟寘幕下尋舉教官歷平江之和靜學道兩書院山長以累考合格當赴吏部銓大名高公時參預外省先生以書論役法之弊公得書喜曰子有用之材持文書來我爲子取教授先生謝曰執政大臣以進賢退不肖爲職天下士如某者能一一力致哉誠推是心寒畯之幸公聞其言愈敬異之御史周公馳僉廉訪司事鄭公雲翼交薦先生宜在館閣皆不報用例調寧國路儒學教授秩滿遷主信之上饒簿以所生母蔣氏憂不赴服除授袁之宜春丞其階再轉俱將仕郎先生笑曰五十年猶故吾耶蓋先生異時以門蔭補官亦將仕郎也在官歲餘移

疾上休致之請遂以從仕郎江浙等處儒學副提舉致仕命下先生已卒于宜春其卒以至順二年十一月十七日享年六十有六臨終猶强飯正襟危坐命筆作三皇廟記俄投筆謂家人曰汝輩且去吾將少休頃之氣息奄奄而逝先生家事素薄客至不問有無倒壺命飲與之談前代故實娓娓不倦至爲諸生論說豪分縷析必使厭所欲乃已兩持鄉闈文衡號明有司門生弟子彬彬以材自見稱之者不以官而曰先生云其在和靜復侵田若干畝在寧國徵逋租爲錢十二萬五千緡刻春秋大學等十九書以惠學者而宜春之政役均訟平部使者以爲能數誘以事顧以涖治之日淺其所藴畜有未悉展也娶周氏知江州德化縣方叔之女子男一曰魯女二適陳方夏景行孫男二曰宣曰宜女二俱幼魯以其

年十二月返柩于鎭江明年五月十六日葬五州山先墓東南若干步奉先生子婿陳方狀來謁銘狀稱先生材識足以超軼古人而忠厚不自已之情未忍軒然遽變其先世承傳之舊故其爲言卓偉殊絕自成一家然亦未始不從容乎規矩繩墨中晚年學益醇鋒鍔都盡其進修之實或未易淺言也嗚呼苟非方從先生之久且親孰能知之若是歟先生所著詩文魯旣彙次成若干卷因先生自名其齋者目之曰存悔齋藁云銘曰

顛初來南以士升太常司農遂世卿今孰嗣者宜春丞旣仕弗進用文鳴立言成家樹風聲擺落凡近趨高明有來侁侁揚其英一鑑亡矣疇依承陳辭相衷垂百齡刻諸方珉告玄扃

金華黃先生文集卷三十三

存悔齋稿跋

右存悔齋稿一卷補遺一卷元龔璛撰璛字子敬曾祖炳宋鄉貢進士以避兵自高郵徙鎮江卒葬城西五州山子孫因占籍爲鎮江人父潗宋末官司農卿國亡不食卒璛悲不自勝刻意於學歷和靖學道兩書院山長寧國路儒學教授遷上饒主簿改宜春丞歲餘以江浙儒學副提舉致仕至順二年卒於官先生氣宇軒豁善談笑與袁通甫郭祥卿相友善道文敏稱爲吳中三君子曾兩爲江浙鄉舉同考試官以宦游久家於平江其作題跋每自署谷陽龔某又有谷陽書屋印其歸道山後又自宜春返葬於潤宜至順鎮江志列先生於僑寓也先生所著詩文由其子魯㚲次成若干卷目曰存悔齋藁見黃文獻先生墓誌據至順志言有存悔齋集若干

卷藏於家是其集未刊行也至正間開封俞貞木從永嘉朱先生鈔得一本列朝詩集甲二十二俞貞木初名楨字貞木後以字行更字有立元季不仕洪武初以薦知樂昌縣後改都昌罷官家居郡守姚善延以訓子以鄰人事逮坐逮詣京師卒建文三年七月也劉鳳記云以勸姚守起兵爲衛尉執送死之誤矣俞氏爲吳中世儒貞木祖石磵先生琰精於易居吳城之南園號南園俞氏貞木自都昌還惟一弊篋以布裹物甚重家人啟視之乃官上一研柴斧耳其清苦如此貞木無子以族人子毓爲後毓孫元亩無妻子入存卹院吳文定云明朱性甫復輯其佚篇爲補遺一卷崇禎間毛子晉從馬人伯借鈔一本未及刊行錢唐丁氏八千卷樓從毛本鈔藏一部即余此本所從出也原鈔每行二十字殘缺二處第一處次張菊存除夕題下注缺字又一行云左原脫二十行今但於題下注以下缺三字余復於原補遺外輯得詩二十首送楊忠行以下四首出元人傅習孫存吾皇元風雅登天平觀太湖有感次縉雲范天碧韻見元釋宗泐天平志卷一題龔聖與瘦馬圖見明李日華六硯齋筆記卷四爲郭天錫題文湖州墨竹蘇書一首見明汪砢玉珊瑚網名畫題跋卷二書閣以下十一首見卞氏式古堂書畫彙考卷十七水郵歌題水郵圖二詩見朱存理珊瑚木難卷二

陸心源皕宋樓藏書志載汲古閣舊鈔存悔齋詩有毛扆跋
云天平山志詩一首六硯齋記一首皇元風雅詩五首并錄
於序跋六首各於文下注
右序跋六首明所出書
爲續補遺一卷雖於詩文彙次之
原本散佚無徵而於陳方謂先生爲言卓偉殊絕自成一家
與夫黃縉謂其立言成家擺落凡近俞希魯謂其詩文豪宕
而有法者可藉此考見其一二亦足珍也惟此稿鈔本與他
書所載者多有異同其可兩存者未敢輒改如二葉大貢仲
堅教授江灣行
貢元詩選作黃然補遺有貢仲章或是兄弟行也又忍見死
者相爲忙死選作逝四葉皆林彥達天平郎事天平志題作
與林彥遠游天平詩按後有林彥遠山水題似遠字爲是然
陸文圭牆東類稿卷九郎有跋林彥達詩稿一題故不能依
志遽改達爲遠也又藍輿過西郊志作西疇復作循淵去循
志作尋選同峩峩天門山門志作平會心郎同趣選志郎作
有俯觀大千界觀志作覩相失不相遇失志作呼相選作可
物色方受句前途更回首無淚灑羊祧中秋月當午志方作
同更作重灑作墮午志同選作戶七葉春日寄懷書臺詩數
樹梨花香雪晴紙尾勞相問選數作每勞作煩十二葉地徧
何妨舞袖長妨選作堪十六葉掘山藥歌種玉縣延春透隨
延皇元風雅作香小隱牆東整藥欄劚土政得才檠檠風雅

與選劇作塹才作方卞九葉南墅散步詩緣岡桂林黑緣桂
選作綠松二十七葉元貞乙未予賦詩云云題今朝開歲倏
五十條選作忽二十九葉蟹詩選作謝陳壺天惠蟹又詩貧
家谻不滿眼沽翻不風雅與選作不辨又槽牀溜溜紅眞珠
起來爲立西風裏風雅於槽牀溜溜下注云一作槽頭酒滴
於爲立下注云一作獨坐選並同又補遺詩一葉次韻貢仲
章虎邱賦選次下無
韻字虎上有登字
稿爲闕誤者則爲改補
如二葉次貢仲
堅教授宜鷥行
珠璣金碧硯性命珠選作蛛五葉肩僕亦已痛痛原鈔作通
從志改七葉春日寄懷書臺詩危絃二七彈箜篌箜篌嘈雜
見女語原鈔不重箜篌字據選補十六葉掘山藥歌原鈔無
掘字據風雅與選補又詩服食相傳養生訣茂陵劉郎和露
啜原鈔服食作復生啜作掇據雅選改二十六葉浮圖山莊
冬夜賣薪者誰子原鈔缺誰子二字據選補又補遺詩一葉
次韻貢仲章虎邱賦春服何清修原鈔無何字取涼
盡酒尊沾溼壞詩篝原鈔涼作深溼作懷依選補改
爰寫定
是本爲之雕播焉惟俞貞木手鈔本嘉慶閒一爲黃蕘圃所
得跋
江標黃蕘圃年譜嘉慶二年丁巳三十五歲存悔齋詩原
孟春見張秋塘所藏俞立庵手鈔元龔璛存悔齋詩一
冊仲春社日以六金得
之跋於蕘未見書齋
此外未見流傳汲古閣所藏舊鈔本
從貞木手錄本校過者向在歸安陸心源皕宋樓
見皕宋樓
藏書志

今已流入日本無從借勘他日有鈔自海外以正余此刻之誤者則私心之所竊幸亦子晉跋所云第一快事也戊午仲秋月二十一日乙亥丹徒陳慶年跋於見山樓

石鄶復盦

雲山日記

二卷

宣統辛亥

橫山艸堂

元郭退思椽史雲山日記序

自來一鄉一邑之中先輩之嘉言懿行足稱鄉先生者代不數人或以事業或以著撰或以翰墨代愈遠見愈難不過存十一於千百而流風餘韻猶使人景仰於丰采之間觀感於意言之表曠百世而如相接焉然流傳既鮮散佚尤易豈不賴後賢掇拾之補苴之傳播之得以閱千百載而永存哉丹徒郭天錫先生手書日記一冊安邑宋芝山跋云自至大元年戊申八月廿七日訖二年己酉十月三日止并閏月閱月十六逐日詳書天氣之陰晴寒暑人事之往來酬答所尤詳者飲酒必書求書畫必書觀書畫必書游寺觀必書稱謂之間褒譏寓焉感歎之際義理昭焉細觀一過如見其人之性情心事而與之周旋談笑於十有六月之久也芝山此跋眞

能傳日記之精神而誌其勝槩鮑刻客杭日記非全文也陳君善餘得之杭州重以鄉先生之翰墨付梓以永其傳天錫美鬚髯人稱郭髯書仿趙松雪畫師高房山名大顯於元中葉而其子啟所編之快雪齋集俞希魯所序者業已久佚即此日記一冊人亦重其墨迹輾轉傳鈔不如墨板得以廣布先生生於前至元歿於後至元朝貴尊崇文名洋溢而睹西番之塔時深易代之悲讀玉殿之詩不免故宮之恨求經桑海猶慨荆駝何耶善餘並爲考其年略搜其詩文以附益之藉以示後之學者深仰止之思焉近時錢塘丁氏有武林掌故之編常州盛氏有先哲遺書之輯善餘搜尋鄉土紀載業已刊行數種使一鄉一邑均有人能爲賡續俾見遺書大出一埽前人錮蔽之習眞所謂守先以待後者其在斯乎癸丑

正月試鐙日江陰繆荃孫序於海上之書連屋

雲山日記

二

雲山日記卷上

元　京口　郭畀　天錫

二十七日晴餘熱　李行簡來　爲眞空叟作墨竹一枝頗奇　毛國華秀才自常州來見　俞用中張仲方趙茂元來　盛季高來閑坐久之　見徐生不遇　回毛兄禮

二十八日　早雨止晚稻菜豆之類得濟　鄭翔遠來　陳和甫來

二十九日陰　葉子華來

至大元年戊申九月初一日　早到路學同知拜殿諸官先散王教亦追逐而去遂請住投公牒爲悔保蕭學司事公堂對衆亦以乃事白之衆人及陳學正　燒壽星紙　拜親　訪何德甫　次見余慶餘會胡山齋戴居雲蓋君玉

路遇趙茂元亦馬上行數十步遇雲谷顯舍人握手話
去年此日在邳州道中時相與一笑　堯子泰來值出
章君文來　孟宅取染
初二日雨　陳靜齋來　房晦叔續至坐頃葉子華來　陳
舍人來自沙閘沽酒待之　金壇催僕蔣興談新來　夜
雨
初三日雨　陳和父來錄示新文　小窗兀坐誦滿城風雨
近重陽之句誰其慰予岑寂耶　葉子華徐耐翁來
初四日雨晴　出見李提舉會李和之辛提舉康錄事　見
郭元吉不遇　見俞仲連會趙心甫　同謁陳直學　訪
章君文會周寬夫　訪陳君義　次見陳茂叔　見陳和
甫不遇　陳景南來同見房晦叔

初五日　陳和甫來　金壇催僕蔣興來分付鈕受二租洪耆宿來　陳菊田來　邢竹埜來　王君鼎來　盧仲益自沙閒來見　李仲謙一山之姪自常州來見　宗定齋來　趙茂元來借印書板　甘露新古厓和尚來爲碑事借鎮江志看　晚見王君鼎不遇

初六日晴　早同謁李仲謙　次過丹陽館前遇吳艮臣次到府中見王君鼎　盧生來求書弔挂十四幅　李仲謙擕紙求書畫蘭房仲明亦求四幅　趙心甫俞用中張仲方趙茂元來　同謁洪天錫　路遇孟君澤　訪陳君義　過五條街遇陳景南同訪陳響林出示小米手軸臨伯時馬雪林行虎三卷塔海公物也看畢同景南行至市閒分路

初七日晴　侍親訪滿梅隱道錄說焦佑之謀道司令史
次訪徐耐翁會葉子華　次拉子華來舍下小勺　侍親
訪因勝寺昂鶴峯會眞空叟鶴峯留酒麪偕司朱提控續
至　訪邢竹埜有客不復進
初八日晴　訪李提舉値出乃子行簡留茶會夾谷同知舍
人　回謁趙心甫山長會張仲方孟進之堯楊二小學教
諭　訪袁總領不遇　訪郭元吉會石剛中　回謁俞用
中不遇　葉子華來說周七郎錢事　常子正來陳茂叔
來値出　陳靜齋來
九月九晴　祀先　葉子華來小勺　邀徐將仕李四乙郎
午集　焦彥明來不曾相接章君文來　邢毅夫來
初十日晴　同三哥出見章子實不遇子實近歸自杭欲扣

一二事云　次登甘露寺見本無傳長老留酒午麪仍求書放翁水調歌頭孫楚望摸魚子二詞于多景樓下壁上又以紙求書遺教經四十二章經潙山警策證道歌　林生裱褙鋪具茶　訪湯景先　章子實來小勺　張泰齋來值出

十一日晴　早上城隍廟問籤劉吉甫待湯　爲甘露寺長老寫水陸堂并護法龍王牌

十二日晴　爲甘露本無傳長老鈔經客有惠杭州潘又新筆者書小楷數千而不伐可愛可愛

十三日晴　邢毅夫來　湖州文端甫來同王趙二兄過訪偶出不及迎肅　龔子中折簡相招晚勺會宜興岳仲遠山長沈國良岳德敬趙心甫李奏差蒙古郭元靜岳舍人

楊以吾蓋諸人送子卅閣中岳氏自鄉中來酒未盡以夜禁而歸

十四日晴　早見文端甫不遇　問候青陽君輔　普照寺前遇李和之　葉子華來　城隍祠卜籤吉　焦佑之來　王師善岳仲遠岳德敬楊以吾來　盛季高來值出訪盛季高出示李重光墨竹鴝鵒希遠墨梅古木房仲明同茶　次訪章子賓

十五日晴　后伯玉房晦叔朱敬之來

十六日晴　送所寫遺教經還甘露長老　晚趁呂城夜航作錢塘之行

十七日午前抵呂城壩下倒換小舟至奔牛復換小舟晡時至常州入城元豐橋見白湛淵提舉值出江陰未回乃子

无咎次子无華留歇同白无咎到太平寺觀壁上畫水中作一筆繞之不斷立視久之若洶湧生動之意奇筆也寺僧具茶茶已乃出門外建新塔方成　晚二白兄具酒晚飯宿于无華書院

十八日晴　早尋蔡德甫來說話无咎待早飯蔡兄同无咎借馬同出訪馬習齋教授于郡學會龜山王山長劉練江馬教仍約午集　同无咎同蔡德甫禮留小酌煮蟹蒸芋　次訪李仲謙出門解后包古江山長赴馬習齋之約坐客羅漢臣余及白无咎食五品酒散作別次別无咎昆仲登夜航之姑蘇有北客喧呼至二更乃睡

十九日　午後抵平江見龔子敬山長父子留宿具晚飯飯已留燈夜語是夜多蚊

二十日晴　早子敬以八月二十八日禮上學道書院山長作武臨淸提舉書張德輝外郎書趁余入杭之便　飯罷登航解后杭人潘伯起呼酒酌之蓋在大都時曾相識故也共上船行

二十一日　晡時上長安買飯

二十二日　四更到杭州城外霜月滿天寒氣逼人候北關門接待寺鐘動換舟入城拂明潘伯起送予歇于施水坊橋梳頭沈待詔之樓遇金壇尹子源同寓　橋東訪趙伯可儲叔儀　打猪巷見李伯玉留茶話乃事　次到江浙省中照磨所見李叔義　省西見張菊存下龔子敬書會張松澗府判　到五房後見武臨淸提舉會王一初周有道二都目李教授及武公令似口口教授　歸寓所會吳

茂之　房主人具酒小飲余亦續酒　同茂之到長生老
人橋見唐仲文新補廉吏不遇而還　過紀家橋解庫門
首見吳若遺提點
二十三日客杭晴　早過井亭橋解后張雲心州判　次遇
湯北村同知張景芳學正　到玄同觀見吳若遺若遺有
他事令師孫羅康伯相接具早飯鄭表白同集柏窗鄭君
之子也飯已入壺中林壑次開北斗殿看李息齋所畫松
二株於壁間　是日郝左丞趙子昂方會而去欲見子昂
不果　見李伯玉改所幹之文約來日于省中見其子
出北關門湖州市妙行寺中尋伏維那已于昨日登天目
山矣徒有悵怏寺僧宗兒供紙留數字而退觀正殿佛三
尊偉甚中設毗盧遮那佛像前殿止有藏一座次入法堂

有碑石數本云喻彌陀神筆所畫佛像傍刻本末不暇記也次禮古觀音像相傳唐朝塑者兩邊畫壁以屋暗不可細覽門有放生池俗云接待寺者即此院也回路足行倦甚坐小舟而還　唐仲文李叔義來值出　趙伯可來寓樓頗潔便于坐臥大抵杭城樓居相連自有一種風韻耳　婺州孔君立來聞孔提舉新除　晚見唐仲文外郎出示米老研山圖路遇王成之都目相與立談久之又遇王壽之

二十四日晴　客杭　早到省中照磨所見李叔義改抹元文　到儒學提舉司擕李兄書見王一初都目投呈子會王壽之王子芳任伯和是日分付該吏金君玉承行　次約金君玉毛令史市樓小集　雨作　湖上兜率寺見趙

子昂學士不遇乃姪趙仲美具茶詑致意
是日遇牟學甫宗壽卿徐君美袁義甫楊廷秀丹徒宣差
狄仁卿田君美蔡宣使許芳所應旂
二十五日陰　客杭　早到省中見李叔義　次入禮房見
張德輝外郎話乃事　到提舉司催金君玉書卷王一初
未允　再到省中見李叔義託見王公　范成之主簿來
晚張德輝請說話會巳中山教授德輝檢尋解由未見
託爲挨問　見范成之　尹子源約小飲是夜客樓瞌甚
必雨作也
二十六日陰　客杭　湯北村同其子君白來　張德輝來
到省中
辛巳好晨聚會禮房見張德輝德輝作書與王都目　見

張菊存會衢州鄭子賓山長　到儒司不聚　結縛橋西前洋街回謁湯北村同出訪張晴川次見崔進之回北村具酒午麵晚書數紙屏補高彥敬古松一株可愛窗外矮橘數樹結子無數壓枝欲折若吾鄉則無此也飲散乃子君白由大街轉歸　張菊存來　晚見張德輝　吳茂之來值出　今日見北村說葛元白曹梅南戴祖禹金子仁胡穆仲皆爲古人可惜再到杭城愈覺舊遊之落落也客樓暄甚衣襟流汗借扇揮之

二十七日陰　寓杭　早到省中見李叔義　次到儒司見周都目以官吏未允所請歸家寫狀再到省中見張德輝德輝約晚來說話是日於省卷中檢尋學錄解由方見晚晴登吳山下視杭城煙瓦鱗鱗莫辨處所左顧西湖右

俯浙江望故宮蒼莽獨見白塔屹立耳次謁伍子胥廟轉至拱北樓卽朝天門行大街官巷而歸　茅山書院山長赤蓋象賢金壇教諭王竹所來茶罷同見趙伯可　見張德輝改告省狀子會巨中山　趙伯可儲叔儀來　吳茂之遣僕約來日早飯　尹子源相過夜話　路遇程鵬舉

二十八日晴　客杭　鄉人胡君用來　赴吳茂之早飯坐客余及運司宋外郎廣平人也　訪王成之託見武公訪湯北村　訪吾子行出所作無稽集皆戲談也　玄同觀見趙子昂晤郝左丞坐正席子昂問都下事　游開元宮舊楊駙馬宮也深邃可愛正殿曰景命萬年之殿　見鄭鵬南簽事留席坐客來僧錄事柯以善尹存庵劉耕莘又一客及余共七人　晚見張德輝看省卷又作學錄教

諭擬倒矣託其宛轉未知可行否俛人幹事不料其相誤也　湯君白來值出　同謁赤盞象賢不遇

二十九日客杭晴　早到省中見張德輝李叔義　訪王成之不遇　訪柯以善　再到省中禮房爲立擬劄事　到儒司司官不出獨吏輩兀坐司房而已　訪張景芳學正　訪張竹村書院觀諸公詩牌　湯君白來同游明慶寺看新塑佛像　次入廣化院　次游仙林寺寺中無可觀者相近一術士之女談星說命若懸水然　次與君白午飯君白具茶茶已自觀橋行至官巷而歸　吳若遺送魚麪果盤來　晚持魚果見德輝　朱艮齋山長來　是日趙伯可歸湖溪就付景明書

三十日陰　客杭　早到省中禮房見張德輝李叔義是日

改正擬劄　次訪朱敬齋　湯北村遣乃子同李兄來求字　到儒司見二都目催申狀會王成之　同君白出游宗陽宮時裝塑未就　次游新宮佑聖觀看擁壁二十四堵皆新畫也　路遇胡石塘主簿煎魚沽酒會尹子源沈六郎　晚見德輝約來日到省中討會選本　晚雨暄甚

夜雨生寒　大德十一年二月十七日禮房呈前鎮江路儒學學錄郭界給由稟奉省堂鈞旨連送選房于學正山長内任用者

十月初一日雨　客杭城施水坊橋東岸沈氏樓　早冒雨到省中　次見張德輝　雨中悶坐朱敬齋山長邀至其家具小酌午麪麪已雨止　路遇莫知事蔣文甫

初二日雨終日　客杭　到省中付文書與選房以未照元除又欲刁蹬張德輝宛轉言之　見李叔義　到儒司大

雨中止有武老兀坐廳上諸吏無來者　湯君白李君得
來算範圍數次同到官巷問茶茶已訪周君遠道士次到
君德家出子固墨戲閑看看已分路各歸　晚尹子源招
飲沈六郎同集　子源爲財賦府吏求書
初三日又雨　客杭　到省中見李叔義　伺候也先伯提
控不出　到儒司二都目不出　同尹子源見儲叔儀留
小酌次同叔儀到子源寓樓開尊薦亥首　同子源到大
街問茶　次見沈誠之看翠雲子　次見唐仲文不遇
湯君白來　是日儒司緩慢吾事略發數語使之聞之
晚遇金君玉云王都目書卷矣　德淸吳菊泉相過夜話
子源同問茶吳公至元二十七年赴北寫金字經者　省
東藥鋪遇張君遠

初四日乍晴　到儒司坐整日方得解子　解后陳無逸昆
仲　牟學甫吳茂之來値出　訪范成之　李君德湯君
白攜命書來　燒玄壇紙　宗壽卿來言來日有人歸鎮
江付家書　晚見張德輝付申狀
初五日陰　飯後到省中禮房同張德輝見馬外郎楊典付
申狀　午同小王覓舟到北新橋覓方仲明不見空費船
錢壹貫二百五十大雨作只得急回　晚見德輝於省前
到龍舌頭西去漾沙坑見馬從簡敬外郎言乃事未允
所請　回見德輝云來日當爲著語卻不必出也付後司
使用　吳菊泉見過夜話　省中遇賈州判
初六日雨不可出　寓杭　吳菊泉攜紙二幅求書　別歸
德淸付陳有之教諭紀事　見湯北村　次見張晴川

見趙子昂不遇見趙仲時　見陳無逸不遇乃弟陳正一相接　湯君白來同出見李君德留茶　訪羅康伯不遇

晚見張德輝　儲叔儀隔河樓上見呼出紙索書具酒晚飯

初七日雨　客杭　到省中見張李二兄　李君德湯君白來攜紙索書就送紙一幅訪吾子行求篆字閑話久之惠印色方　路遇胡石塘儲叔儀相招五盃午麪坐客焦君用尹子源余及陳外郎主人飯罷焦公買紙求書　晚見張德輝令來日見馬公　路遇范君用

初八日雨　客杭　早拂曉伺候馬外郎未從所請其意已諾之矣　見張德輝於省中　游淨慈寺禮佛看羅漢五百尊訪朱敬齋　張德輝來同出見唐仲文不遇　次見

廉司書吏趙潤卿汴梁人也會湖州路吏韋共之回路德輝待半飯　訪莫知事路遇聶通父兵房　巨中山教授來

初九日喜晴　客杭　早見鄭鵬南廉訪　次會柯以善以善留三酌劉悦心張景芳寫篆字巨秀才續至巨杭人吾子行之高弟也　到省中是日衆官爲别不花平章送路不聚　訪吾子行不遇　訪湯北村亦出　訪張晴川于崔進之家　訪張德輝　儲叔儀以今日登舟還義興相呼午飯出紙求字會焦君用　路遇井同知蓋爲后降香作使來杭　盛親家章端甫自鄉中來寄至家書拉同市樓小酌大街問茶　燈下自官巷歸分路　尹子源請薦海蜇話至二鼓

初十日陰　早見鄭鵬南廉訪　見柯以善　到省中　盛親家見借鈔一劵以今日歸不及作別　張仲美湯北村來值出　李君德湯君白來求書　鄉人趙翔甫求字本　晚再到省中伺候吏輩　到新宮橋見井同知浣於郭都事處著語　晚方仲明尊舅來留宿

十一日又雨　溼熱　早湯北村招早食坐客方仲明宋與之父子同方舅到省中見張德輝會新市陳副使省前具茶　是日李叔毅著語馬外郎吏房　次同方舅見高國良司丞　次同到下馬婆巷見李君實新授宜興都目茶罷方舅拉往新門具麪　路遇宣州胡則大梅主簿汝説趙祥甫來　晚見馬公猶未慨然　次見德輝僉步而回汗流溼衣幹事未成殊燋煩也

十二日　客杭　早到省中摸劄子候押　朝天門訪張雲心州判留坐具午酌薦糟蝌雞麪坐閒雨作取傘乃回再到省中　路遇劉希聲　胡則大來値出不及相會晚雨大作　張德輝送紙來寫刷卷宗目至二更乃辦

十三日雨　客杭　到省中　趙翔甫送果子求字本　尹子源具午酌

十四日又雨　客杭　到省中　遣王二到湖州幹事作趙文卿陳有之書　訪湯北村吾子行張景芳　尹子源待午飯同出問茶　會温長卿金沙人也　路遇王敬臣常州路司吏　見唐仲文不遇　張景芳送紙求書吳興虛徹道人詩偈道人費氏景芳之曾祖母

十五日　客杭城施水坊橋沈六郎樓　雨作不可出　陳

無逸教授來　朱敬齋山長來　張德輝外郎來　尹子源呼酒過余寓樓酌之德輝去後子源具午飯蓋遣王二之湖州客中乏僕故耳　李君德來　趙祥甫來　先妣憫忌日

十六日又雨　寓杭　張雲心遣僕寄書來雨中約相過彼此客況蕭索耳　吳若遺招午麪　到省中伺候吏輩方仲明來雨中拉出見高國梁說假借事　赴若遺之約坐客朱澄齋提領史元輔道判　是日若遺他出令水邱養直相伴　訪王眉叟提點不遇　晚見德輝　次見馬生未允所請　回再造德輝家　方仲明舅來留宿具晚酌待之子源同

十七日晴　客杭　早同方舅早飯　見張德輝晚寫吏牘

方舅拉出見高國梁會李君賓　路遇王君澤邀茶君澤來日之鄉間託寄聲　王二自湖州回　路遇賈景顯紀祥甫周謙甫　李伯玉來　李君賓來　鄰樓尹子源得財賦府文書了辨可喜予滯留日久所幹未就愈覺憂悶耳　遣王二到省中問話　李君德湯君白來張德輝續至　晚尹子源燒紙招夜飲坐客余及沈咸之沈國寶沈六郎父子　夜與張公抄文字

十八日晴　客杭　早到開元宮見王眉叟提點不遇徒弟徐雲谷相接會吳江張景亮州判謝退樂府判景亮師道學士之長子也時問方蒜山禮任事　到省中本問乃事楊生云今晚可見馬公　聶通甫拉入兵房出紙求書四幅會湖州韋共之　次見叔義德輝　到小堰門回謁張

仲美知事不遇遇王師善之姪　是日游大般若寺寺在
鳳凰山之左卽舊宫地也地勢高下不可辨其處所　次
觀楊總統所建西番佛塔突兀三十丈餘下以碑石甃之
有先朝進士題名并故宫諸樣花石亦有鐫刻龍鳳者皆
亂砌在地山峻風寒不欲細看而下　次遊萬壽尊勝塔
寺亦楊其姓者所建正殿佛皆西番形像赤體侍立雖用
金裝無自然意門立四青石柱鐫鑿盤龍甚精緻上猶有
金朝銅鐘一口上鑄淳熙改元曾覿篆字銘在皆故物也
行至左廊記得壁上一詩云玉輦成塵事已空惟餘草木
對春風憑高□□□□□目斷蒼梧夕照中寺門俗云望
江亭俯視錢塘江水大略與揚子江同但隔岸越山蒼翠
差勝耳遠見西興渡口煙樹如薺　次遊新建報國寺行

至殿後有塊石僅留二十餘字僧爲别立一木牌云五十年前理宗夢二老僧曰後二十年乞一住足地恍然夢覺今築地得此石卻無年代可考昔梵刹爲王宫今兹復爲梵刹如波入海以予觀之亦好事者爲之也且朝代之廢興皆天也二僧入君王夢中孰記而傳之耶浮屠之說妄矣傍有二客相與一笑而回　訪賈景顥不遇　張景芳來取詩卷去賈景顥續至　晚見馬生　次見張德輝遣小王下長安盛親家處借錢　路遇宋春卿石剛中

十九日晴　客杭城　早到省中見楊典　三橋早飯飯已見吾子行寫篆字相送仍取玉簫爲予吹數闋子行隱居不仕時能道滑稽語亦近來罕有　同李君德訪崔進之索小楷碑文同路君德邀市飯　再到省中乃事小見次

第　晩見宋春卿郎中索根腳抹子

二十日晴雲　客杭　早見宋春卿與根腳抹子　到省中見馬公登吳山城隍廟壁畫二鬼頗得同立門首左顧西湖右視大江杭郡人家皆在足下　次遊玄妙觀門立徽宗御書碑石殿前立高宗御書道德經石刻經幢二亭覆之後有眞武觀記開平二年物也有老道士云吳越時已有之昔爲紫極宮惜前朝碑石有天慶觀字皆鑿去不存殊失古意且朝代更改敕額曰玄妙當存其已往而新其方來可也道士俗物大敗人意同到省中石路高下足力少倦　湯秋巖通判來約尹子源同到旗亭沽酒酌之　湯君自引張伯愚來攜扇十柄求書李君得後至　張菊存來　是日本司文書有好音爲張士瞻者阻之令人敗

興乙巳日

二十一日晴　客杭　尹子源辭歸金壇　到省中未見書卷次第而歸　湯秋巖來邀飲紅酒次送秋巖至蘭陵坊分路　張景芳送照元除劄子來路過陳如心教授　開元宮見王眉叟會張景亮及二羽客　訪宋春卿郎中會臧魯山廉訪秦彥立外郎名植　省中選房之本把也　方仲明寄紙求書畫情緒不佳更遲一二日下筆　燒玄壇香囑告乃事　省中遇李君賓王儀之

二十二日晴　客杭　到省中馬生以張郎中未允所請故爲託辭會夾谷郎中送照元除劄子下架閣庫雷毅夫收見李叔義　胡則大來　湯君白來同到府學見李霽峯教授　次見張晴川　次見湯北村會韓竹閒　路過

毛海雲山長　孫周卿來同僉公之姪也　路遇王仲可
晚香
二十三日晴霧　客杭　省中假日　早冒霧到馬婆巷見
李君實託馬惟艮見張士瞻說話　次到省中見楊典撌
見謝暉照會　到寶祐坊佑聖觀橋西同謁胡則大不遇
張景芳來　鄉人盛壽一官人相遇爲高子西在此子
西病癯同見湯北村問藥不遇同路盛兄邀小酌　湯北
村胡則大張景芳來　晚盛壽一哥約飲于欽善坊
二十四日陰　客杭　早到省中　次到儒司見金君玉問
白元咎禮任月日　湯北村費謙夫來費公鄉人也年六
十三　再到省中架閣庫見雷毅夫爲照元除事　是日
解后郭千戶夾谷舍人王仲可相拉到朝天門酒家仵飲

坐客大名八三都目皆軍中掌案牘者獨程其姓者通文湯君白來燈下同到官巷問茶　再到省中囑楊典

二十五日晴　客杭　早到省中解后孔艮甫楊廷秀胡宗伊李景仁　再到省中架閣庫　訪宋春卿不遇　訪湯君白借典章　幹事未就而回遇蘇淳齋杭之善醫者也約市肆小飲　回謁王仲可不遇　路遇田管勾今爲臬府院令史在都下時曾同寓云

二十六日　客杭　早重霧　中見唐仲文不遇爲長興欠俸囑呈文催討　次見宋春卿會江陰李外郎春卿出紙四幅求書　盛親家公自長安來同西盛壽一哥及二鄉人相訪　到省見馬生催促之到架閣庫送吳令史使用紙錢　見李叔義訪王眉叟　盛親家約到芳潤橋午麵

壽一哥同集　晚又到省中囑馬楊二生　李君賓來取字去報馬維艮已見張士瞻說訖商量甘結　晚見德輝不遇　夜香

二十七日　客杭　到省中伺候書卷已完馬生改抹但咨省而已令八恨口再囑馬生不允　見張德輝　盛親家來別付家書報事體如是　晚見馬生云非不用力首領官不從奈何欲退元物不曾收　再見德輝　見湯君白同見李君德借錢　歸家悶甚奔走兩月今日壞盡

二十八日　早見唐仲文囑俸事　次見宋春卿會李士可同二公游開元宮次到寓所共茶二公更欲相攜余以事不如意舍之而別　李君德來　問卜　再到省中見楊生令稍遲一二日　見張德輝論乃事　訪賈景顯不遇

訪郭總管不遇會李齊賢　又見德輝值出　晚燈下
坐久謀之無計更遲二日且往長興索俸作歸計耳
二十九日　霧中早見唐仲文不遇　到張德輝家　到西
倉橋見方仲明　到省中別李叔義　張晴川來值出
晚作家書發王二來日歸
三十日晴冷　王二歸鎮江　出別張晴川崔進之柯以善
吾子行　湯君白知余事不如意呼舟過湖閑行散悶游
南山惠因華嚴寺次游開化院次遊石屋洞俯視洞口深
暗不可測覺陰風逼人壁上記姓名而回　入勝果尼寺
與石屋相對君白令親惟德母子爲尼延坐設茗罷次游
水樂洞扣寺門久之乃得入遶寺皆奇石門有亭扁曰聲
在寺後口泉滴洞中相應鏗然有聲故名亭有石刻坡翁

東陽水樂亭詩觀畢而下踏石上黃葉攀徑邊古松山林閒自有一種淸氣借筆題云至大元年十月三十日京口郭天錫同湯君白來此聽泉寺僧具茶飲之淸甘卽此水也更過一二僧寺以心緒不佳不及詳記泛湖而還西北風起同君白錢塘門小酌分路　見張德輝　路遇黃明叔

十一月初一日　辭吳若遺不遇會王介叔朱提領　李君德湯君白來同出到君白家具茶路遇鄉人孟子長晚別張德輝德輝具酒會丘中山杜器之宋□□李仲雍歸已盡醉

初二日晴　客杭　到省中領文書取回甘結　同孟子長見胡則大値已回宣城路遇鄭君祥宣史同茶　同子長

見吾子行就别　次别湯北村　晚見馬生了絕乃事
晚邀子長小酌囑照元除事　别李叔義
初三日　早别張德輝　同沈六郎買人事　午覓小舟至
壩頭下至西會橋見方仲明留小酌晚飯就宿於其寓
初四日晴　離杭州　早方仲明待早飯飯罷遣丁提控福
童般行李上航船遇杭人魏提領稽太醫同載　唐涇晚
飯　夜行
初五日　平明曉寒至湖州覓小舟由城外載行李寄于清
塘門人□□入苕城見陳有之　次到儀鳳橋解庫入息
到湖州路總管府□國祥不遇會康安道李仲立倪子
章趙子益　有之具酒小飲飲至日西有之送予出清塘
門上船遇長興州吏盧□甫有之再於市店具酒乃别登

舟夜行舟中人稀宛勝夜來之湫隘也

初六日晴　平明抵長興　見趙文卿父子　會李質夫留早飯飯已同文卿見陳素心教授　次見孟雲心　次見沈孤峯不遇乃子希古相接　次見陳繼之見周剛父不遇　訪廣福寺琦伯玉講主留小酌壁上作竹石　錢梅巖請席坐客陳素心予及文卿質夫酒散歇於趙文卿家輔之具晚酌　夜閒輔之釀酒牀頭糟牀滴滴有聲

初七日晴　寓長興　早飯文卿相待鄭晉卿亦至同飡仍贈米一升　同文卿出見安亨甫不遇　次見袁正甫陸草窗　次見沈孤峯殺雞具酒仍約陳繼之共飲　路遇强古愚袁壽卿　過口和父門留茶　早琦伯玉講主淵古潭稱何來　陳素心潘吉父盧希顏費德輝來值出

見欽察同知新授臨安縣達魯花赤　晚文卿父子待酒酒盡拂牀而睡窗外風竹蕭颯可聽枕上意舊游又復二年矣令人感慨

初八日晴　寓長興趙文卿宅　文卿待早飯　出謁李王廟　訪錢英甫　訪劉巨川值出郊未歸　訪劉竹西　訪潘古甫留素食五品蔬果甚整　欽察宣差來拉余過顯福寺會陳素心欽察同予至其家仍約琦伯玉講主看畫出唐本渡水僧泰太師物也觀音二軸小幅崔白蘆雁武后眞餘皆下品漢銅挈壺一　煮雁開尊朱雲岫續至共飲至月上同伯玉歸已鍾動矣　文卿夜話

初九日晴　客長興　文卿待早飯飯罷同出見沈孤峯囑知州處說俸事時陳有之自湖州來共茶　謝欽察宣差

會傅子壽説全眞道教呂知州朱僧正續至二公去後欽察公留酒午飯飯罷同游廣福寺陸艸窗劉巨川亦至琦伯玉一茶而別欽察上馬後數客送予歸　陳繼之相約不及赴　沈孤峯陸草窗甕成子來值出　晚文卿待酒具飯　送詩與孤峯伯玉

初十日晴風　客長興　陳繼之邀早飯同文卿往赴坐客沈孤峯陳竹溪予及趙文卿陳有之不期而會者陳素心居首坐飯罷已亭午矣有之相拉見孟雲心　次見陳教會甕成子　次陪有之希顔出東門散步游沖眞觀歷歷皆舊遊處　同路有之買肥驢肉沽酒共飲飲散自麒麟坊轉大雄寺前歸踏黃葉簌簌聲見一二小童拾墜樵於古松下不勝故山之思晚已醉飽文卿自飡白粥余撚炒

互相與共話就以賈景顥所惠範圍數爲文卿贈
十一日晴　寓長興　吕知州送紙求書畫　劉九舍人來
陳有之盧希顔後至茶罷陪有之五峯炷香　文卿待早
飯　午赴劉九舍之約坐客余及陸草窗食五品　欽察
宣差約食水花傅子壽同坐間錢茂卿外郎來尋李令史
云云押過催俸關子矣　嚴君壽來値出
十二日晴　客長興　早寒　文卿待酒早飯　見安亨甫
同出見劉元履託語知州公爲俸事　次同亨甫到寓所
欽察公遣人相請閑話於大雄寺前人家時亨甫亦在
坐話已亨甫拉至其家具午酌　醫學沈教諭來　陳素
心相約不及赴蓋爲劉九舍陪話故也　回沈教諭禮不
過　路遇錢君愷岦提領　次見周道副希顔同行

十三日晴　客長興　文卿待早飯　盧希顏來同出東門閒步　次入沖眞觀畫壁一堵周道正具小酌　希顏相拉見孤峯同孤峯見呂知州不遇乃子呂舍相接茶罷孤峯拉至其家小酌回路欽察宣差留茶至月上得歸　朱半山僧正來值出　陸關長皇甫懋官來亦值出　文卿待晚飯燈下和陳教詩　施若虛來

十四日晴　客長興　文卿待早飯飯已寄蔣介卿書　同文卿見沈孤峯爲倖事　欽察宣差來請至廣福寺會琦伯玉傅子壽　回謁嚴君壽不遇　次訪孟景先三句孟雲心亦至同出回謁施若虛道士若虛約登市樓小酌倒澆麪　同謁董子順會陳中美出門遇趙輔之同歸

十五日五更長興州學拜殿會呂知州詹提領蒙古李教授

趙松岡沈孤峯吳堯卿皇甫雲村及諸學職公堂具飯
訪欽察公同出閑步回至其家出宣和御府黄居寀雪雀
圖用雙幅絹畫角上添金龍長可六七寸圖葫蘆御書并
内府圖書二印雪樹數株凍雀上下下復作二鶺鴒眞奇
物也欽察公凡三次招往看畫獨以此爲冠耳又看破衣
呂公像陳府書家物也及小幅宣和飛禽不敢斷爲眞物
具午飯飯罷過劉群甫藥肆切羊沽酒仍約趙文卿共飲
會司吏潘國寶　晚陸草窗來文卿具三酌　朱雲岫來
値出　訪包亨甫不遇舊曾爲鄰居者　呂知州送紙索
書
十六日晴　客長興　欽察宣差令畫史拜絹來求畫山水
安亭甫同鄭子固來相約到亭甫家具小集午麪　早

文卿待飯酒三行　見劉巨川取藤黃亭甫同往　次陪
亭甫訪武雷岩道士　嚴君壽來値出　李質夫請齋不
及赴　文卿待晚飯已飽不敢領　晚歸月上聞鄰家打
稻童稚徹夜唱吳歌不歇亦豐年氣象吾鄉則未聞也
十七日雨　客長興　文卿待飯　欽察宣差來索畫文卿
具酒待之　陳仲美來訴其親素心公不與賫發
十八日雨　客長興　劉祥甫來請早飯　省委官劇郎中
君寶相請於史氏廨院求書殺雞具酒會令史周謙甫飲散
欽察公相拉訪孟雲心看畫次到沖眞觀同路欽察公沽
酒買羊共飯抵暮以口送歸　吳長卿陳四官人來為崇
道事　安亭甫來　夜雨
十九日雨止苦寒　文卿具早飯陳繼之來相拉到其家見

王知錄具小集　夜大風　借陸草窗坡詩六冊客中讀
誦
二十日晴　客長興　飯後見沈孤峯爲倖事　次見欽察
公會朱雲岫出門遇錢梅巖相引欽察到盛瀆前人家看
羅漢一軸次到客舍觀予所作雙松雪澗圖次請琦伯玉
來看欽察公又呼畫師沈兄來看皆爲予起敬茶已乃別
復請沈孤峯同見呂舍人囑與乃尊知州說倖事會傅子
壽同孤峯歸過州橋解后陳素心孤峯口口到其家小飲
歸已及暮　路遇石子方文卿有婢將產未下予用北游所得之方採之立產得男
二十一日霜寒　客長城趙文卿直學家　飯後同謁朱半
山僧正不遇　次見嚴君壽　次同孟雲心見王州判不
遇　文卿待午飯　次訪陳素心索倖會張月心　晚同

素心陸草窗趙文卿見呂知州于州後煖閣說俸事　次訪陳伯祥留茶　許阿四米到學

二十二日霜寒　陸草窗來　王二自鎮江來文卿具飯飯後攜王二出見孟雲心陳素心沈孤峯陳繼之下大人書欽察公相攜拉雲心抱琴造廣福方丈沽酒具肴適費德輝劉巨川皇甫孟一哥具酒於口口家相招辭之而往領三君子之約趙輔之錢國寶同集集散欽察公又遣人相拉至日暮行至廣福寺前石橋松陰之間送欽察雲心抱琴而還　錢梅巖送紙求書

二十三日　客長城　趙文卿具早飯飯罷買香燭弔費月巖先輩　陳素心李質夫袁正甫來文卿具酒　陳繼之來取字去　郎晉卿來口月梅亦至文卿具三酌輔之待

晚飯　路遇毛可齋
二十四日己卯晴　客長興　文卿具早飯趙□□求字
蹇成子喪其妾來乞米　陳元善來約文卿及予到其家
觀蘇漢臣孩兒四軸具酒三酌　沈孤峯請午飯　陳繼
之來約同赴孤峯之約坐客陳素心王知錄余及趙文卿
陳繼之趙達道沈希古
二十五日霧晴薄晅　五更文卿約打魚予以庚辰日不及
往　輔之待早飯　蹇成子來　訪欽察同知同出見李
君章於稅務之務官具酒時石子方者欠欽察錢怒欲及
之予爲解紛　次同欽察公到沈畫家會胡州錢春堂琦
伯玉講主後至同歸分路後伯玉拉入廣福方丈具午飯
出川紙求書心經　李二朝奉求經堂大字　錢梅巖求

三樂堂扁　陸草窗袁正甫陸關長三君載酒肴見過同文卿共酌酌已文卿以新打之魚續盃陸袁二丈守朱墨爲業物微而意實厚也惟有感激　錢國寶求書

二十六日晴暖　寓長興　趙文卿待早飯　出謝袁正甫陸草窗沈孤峯陳繼之　送筆與劉巨川不遇　劉子敬教諭相訪不遇行至州橋偶然解后拉具午酌仍約到西溪　到李質夫家爲倅事留小酌餞成子趙文卿續至就以弍鈔贐餞秀才

二十七日晴暖　早張潤甫自杭來見報照元除已辦潤甫景芳學正之子在行省選房寫文書與費德輝親　觀文卿捕魚長興人水車用手挽不用脚踏　西溪劉子敬遣舟相請以錢英甫相招不及往孟雲心來亦具酒相約展